-1 b

LE PERCEMENT DU SIMPLON DEVANT LES CHAMBRES ET LES INTÉRÊTS DE LA FRANCE

PAR

L.-L. VAUTHIER

INGÉNIEUR DES PONTS ET CHAUSSÉES,
ANCIEN INGÉNIEUR EN CHEF DE LA LIGNE D'ITALIE PAR LA VALLÉE DU RHONE ET L'OSSOLA
INGÉNIEUR-CONSEIL DE LA COMPAGNIE DU SIMPLON.

5 FRANCS

PARIS
IMPRIMERIE CHAIX
IMPRIMERIE ET LIBRAIRIE CENTRALES DES CHEMINS DE FER
SOCIÉTÉ ANONYME
Rue Bergère, 20, près du boulevard Montmartre
1881

LE PERCEMENT
DU SIMPLON
DEVANT LES CHAMBRES
ET
LES INTÉRÊTS DE LA FRANCE

LE PERCEMENT
DU SIMPLON
DEVANT LES CHAMBRES
ET
LES INTÉRÊTS DE LA FRANCE

PAR

L.-L. VAUTHIER

INGÉNIEUR DES PONTS ET CHAUSSÉES,
ANCIEN INGÉNIEUR EN CHEF DE LA LIGNE D'ITALIE PAR LA VALLÉE DU RHONE ET L'OSSOLA
INGÉNIEUR-CONSEIL DE LA COMPAGNIE DU SIMPLON.

5 FRANCS

PARIS
IMPRIMERIE CHAIX
IMPRIMERIE ET LIBRAIRIE CENTRALES DES CHEMINS DE FER
SOCIÉTÉ ANONYME
Rue Bergère, 20, près du boulevard Montmartre
1881

SOMMAIRE

LE PERCEMENT DU SIMPLON DEVANT LES CHAMBRES

ET LES INTÉRÊTS DE LA FRANCE

AVIS AU LECTEUR

En reproduisant un article sur les tunnels des Alpes qu'a publié la *République Française* dans son numéro du 8 février dernier, et que l'on trouvera ci-après, nous avons cru devoir y joindre des documents propres à confirmer les données numériques sur lesquelles s'appuient nos conclusions.

Ces documents ont pris un certain développement et sont arrivés à faire de ce petit écrit, plutôt un recueil de renseignements qu'un exposé méthodique de la question. Si notre travail perd ainsi tout caractère littéraire, il y gagne peut-être en utilité. Dans la phase nouvelle où est entrée la question d'une nouvelle percée des Alpes, lorsque le Parlement, saisi de propositions définies, a mis à l'étude la solution qu'il convient d'y donner, l'heure est passée des polémiques plus ou moins ingénieuses. Ce qui importe davantage c'est d'apporter des éléments d'information élaborés avec soin, sur lesquels ceux qui ont à trancher la question puissent s'appuyer avec confiance.

C'est ce que nous avons essayé de faire, et l'exposé qui a servi de point de départ à notre travail a cessé d'en être l'élément principal, pour en devenir un accessoire.

La fixation de capital qu'entraîne la création d'une nouvelle voie de transport ne se justifie que si cette voie amène, sur les moyens que l'on possède déjà, une suffisante économie dans les frais de voiturage, et aussi dans le temps du parcours, car le temps, — qui est de l'argent, suivant la forte et juste expression anglaise, — est un facteur qu'on ne peut désormais laisser à l'écart dans les questions de voies de communication. L'économie de frais et de temps, voilà donc les éléments essentiels à considérer, lorsqu'il s'agit de mieux rattacher entre elles des régions réunies déjà. Et, à supposer même, comme il arrive à propos de l'ouverture d'un nouveau passage des Alpes, que la question se complique de la nécessité de résister à la concurrence de voies étrangères, c'est toujours aux considérations primordiales dont nous venons de parler qu'il faut en revenir. La concurrence ne peut s'exercer avec efficacité que si elle n'est pas, pour celui qui y recourt, une cause de ruine. Pour lutter avec avantage sur le marché d'un produit donné, qu'il s'agisse de transport ou de tout autre chose, il faut pouvoir livrer ce produit à moindre prix et être pour cela en mesure de l'obtenir à moindres frais.

La question capitale à résoudre, à propos de la création d'une nouvelle route commerciale à travers les Alpes, est donc celle-ci : quel avantage en ressortira-t-il ?

La dépense à faire, le délai plus ou moins long qu'exige la création de la voie nouvelle, les difficultés techniques plus ou moins grandes à rencontrer, ce sont là autant de facteurs qui ne sont pas sans importance ; mais, soit isolément, soit réunis, ils sont forcément subordonnés à la question précédente.

C'est donc cette question maîtresse que nous nous sommes efforcé d'éclairer. Notre étude nous conduit, quelle que soit la face du sujet que nous ayons examinée, à conclure en faveur du Simplon ; mais ne négligeons pas de dire que, sous tous les autres rapports : dépense à faire, délai d'exécution, difficultés techniques à vaincre, c'est le Simplon qui l'emporte aussi et de beaucoup sur les autres solutions qui lui ont été opposées.

Nous n'avons pas, dans cet écrit, dit un mot de la question stratégique. Ce point de vue ne nous paraît avoir rien de commun avec le point de vue commercial. Tant qu'il subsistera des nations distinctes, ne relevant que d'elles-mêmes, en dehors de tout contrat civil pourvu de sanction, plus il y aura, sous le rapport défensif, d'obstacles entre leurs territoires mieux cela vaudra. Le baron féodal cherchait, pour y poser sa demeure, un sommet inaccessible. C'est dans la plaine, au point le plus facilement abordable de toutes parts, que l'industrie moderne installe ses constructions.

Auquel de ces deux points de vue doit-on se placer pour traiter de la création des grandes voies internationales ? Poser la question c'est la résoudre.

Au point de vue militaire et féodal, il ne fallait pas percer le Mont-Cenis ; — c'est un danger possible. Au point de vue militaire et féodal, il fallait se garder d'ouvrir nos frontières à la vapeur ; — on sait par expérience que les voies ferrées qui y tendent servent quelquefois aux envahisseurs. Qui songe pourtant à revenir sur ce qui est fait et à élever une muraille de la Chine sur les limites territoriales auxquelles de récents malheurs nous ont réduits ?

En faut-il conclure que le caractère stratégique plus ou moins favorable d'une nouvelle percée des Alpes ne doive pas peser d'un certain poids dans la solution ? Nullement. Mais ce qui serait irrationnel ce serait d'aborder le problème par ce côté. Si le point de vue stratégique primait dans le débat, la question serait bientôt tranchée : pas de nouvelle percée des Alpes. Mais personne n'admet que l'on suive pareille méthode.

Ce sont des considérations commerciales et industrielles, de hautes vues économiques, une sollicitude patriotique pour les grands intérêts pacifiques de la France qui ont ouvert le débat. Quand, à ces points de vue, l'étude sera complète, quand les solutions en présence pourront être comparativement pesées avec exactitude, que la donnée stratégique vienne faire pencher, s'il y a lieu, la balance indécise, cela se comprend. Jusque-là, il nous sera permis de considérer l'argument stratégique comme un moyen dialectique auquel recourent ceux qui n'en ont pas, nous ne dirons pas de meilleurs, mais d'autres à faire valoir.

Il est un autre point que nous avons laissé aussi complètement à l'écart : c'est celui de la température plus ou moins élevée qu'on est exposé à rencontrer dans les hautes chaînes, au cœur du massif à percer. Les savants d'outre-Rhin qui ont suivi le percement du Gothard ont très ingénieusement puisé là un argument décisif contre le percement du Simplon. Sur des constatations de fait fort discutables, ils ont établi des formules devant lesquelles il faut s'incliner. Ce sont là de véritables querelles d'allemand. Nous n'avons pas cru devoir toucher à la question, justement parce que nous sommes en mesure, si la difficulté était soulevée, de montrer combien on en a exagéré l'importance. Les effets de la température croissante avec la profondeur sont peu à redouter au Simplon, et, dans tous les cas, faciles à combattre.

Dans le cadre restreint que nous nous sommes tracé, notre étude comprend, — en dehors de l'exposé sommaire reproduit ci-après, — sept notes annexes, appuyées de cartes, sur lesquelles nous allons donner quelques mots d'explication.

Ce qu'il fallait, dans l'ordre d'idées où nous étions placé, fixer avant tout d'une manière indiscutable, c'étaient des itinéraires raisonnés donnant les distances de parcours suivant les diverses directions à comparer entre elles. Ces distances sont la base de toute discussion. Il faut que les valeurs numériques en soient établies d'une manière absolument certaine. C'est ce travail utile, mais terriblement fastidieux, dont les résultats sont consignés dans la note A, à l'appui de laquelle vient la carte n° 2, dont le fond est emprunté à la grande carte d'Europe au 2 400 000e de l'état-major français.

Les distances réelles à parcourir fixées, tout n'est pas dit.

Personne ne conteste aujourd'hui, — les faits d'ailleurs démontrent clairement que les fortes déclivités et les courbes à court rayon entraînent, dans les frais d'exploitation et la durée du parcours, des majorations dont il faut tenir compte.

Les longueurs mesurées sur les rails, que nous avons dénommées : distances *réelles*, ne sont donc pas des éléments homogènes que l'on puisse comparer entre eux. Pour rendre ces distances comparables, dans le sens rationnel et pratique du mot, il faut ajouter à chacune les majorations résultant des sections à fortes pentes et à courts rayons que comprennent les itinéraires dont elles font partie, et former ainsi ce que nous dénommons : distances *virtuelles*.

Dans la note B, nous avons recherché la loi de ces majorations et donné le barème pratique d'après lequel nous proposons de les calculer.

La note C qui vient après contient la valeur numérique des majorations effectives à considérer.

Et, dans la note D, nous avons donné le tableau récapitulatif de tous les itinéraires calculés tant en distances réelles qu'en distances virtuelles.

A ces documents nous avons cru devoir joindre une note E, dans laquelle nous fournissons quelques renseignements sur la *détermination des lignes séparatives des zones commerciales afférentes aux divers passages des Alpes* qui figurent sur la carte n° 1.

Cela fait, dans une sixième note, la note F, nous examinons quelques-unes des questions se rattachant à la création d'un nouveau passage des Alpes, auxquelles permet de répondre le tableau récapitulatif des itinéraires.

Les divers paragraphes de cette note présentent,

croyons-nous, quelque intérêt et nous y renvoyons le lecteur. Ils contribuent tous, semble-t-il, à montrer l'utilité d'un nouveau percement des Alpes, pourvu que l'emplacement en soit bien choisi, et nous avons, chemin faisant, réfuté quelques-unes des objections soulevées contre l'idée en elle-même.

Enfin, dans une septième et dernière note, nous avons résumé les données dont nous avons fait usage pour calculer les itinéraires relatifs au Mont-Blanc.

Les avantages qu'offrirait ce passage ont été récemment mis en avant dans de nombreux écrits, et cette solution est examinée par les pouvoirs publics comparativement à celle du Simplon. Pour nous, le choix à faire, au point de vue des intérêts commerciaux de la France, n'est pas douteux. Le Mont-Blanc, ainsi que le Mont-Cenis, conduit dans le Piémont, non en Lombardie. Comme nouvelle communication internationale, le Mont-Blanc serait une doublure du Mont-Cenis, pas autre chose. Nous ne croyons pas qu'il y ait lieu d'insister, ici, davantage.

La question d'une nouvelle percée des Alpes doit être envisagée du large point de vue de l'intérêt national. Des considérations régionales, quelque intéressantes qu'elles soient, ne sont pas à la taille d'un pareil problème.

C'est de haut que celui-ci doit être envisagé et ré solu.

C'est ainsi certainement qu'il le sera.

Paris, juin 1881.

LES TUNNELS DES ALPES [1]

Une proposition parlementaire de subvention dans le but d'aider au percement du Simplon vient d'appeler l'attention des pouvoirs publics sur la nécessité, pour la France, d'un nouveau percement des Alpes.

Puissent les honorables signataires du projet de subvention empêcher que cette proposition n'aboutisse à un avortement, comme il advint, il y a six ans, d'une proposition du même genre introduite devant l'Assemblée nationale par 123 de ses membres!

Cet ajournement, qu'expliquent les graves inquiétudes politiques de la fin de l'année 1874, a été des plus fâcheux.

Tout le temps que nous avons perdu a été utilisé au Saint-Gothard. Depuis 1872, la perforatrice a travaillé sans relâche. Le tunnel est depuis longtemps percé. Malgré des imprévisions colossales sur le coût des lignes d'accès, ces lignes se construisent rapidement; et, sous l'action d'une volonté de fer, tout se prépare pour que, dès l'année prochaine, de la Manche à la Baltique, le mouvement des transports du Nord au Sud converge vers la nouvelle grande voie ferrée ouverte à travers les Alpes.

Quelle sera alors la situation de la France? Ses intérêts vont-ils ou non souffrir de ce nouvel état d'équilibre des attractions commerciales? Le transit du Nord au Sud dont elle avait la possession séculaire, ne va-t-il pas déserter son territoire? Bloquée dans ses frontières, comme on l'espère de la rive droite du Rhin, va-t-elle devenir étrangère au mouvement des transports du reste de l'Europe, et se voir enfin, sans recours possible, repoussée par la concurrence allemande des marchés de l'Italie?

---

(1) Extrait de la *République Française* du 8 février 1881.

Telles sont les questions anxieuses que se posèrent en France quelques esprits attentifs dès qu'ils virent, à la fin de 1871, le chancelier de l'Allemagne du Nord, faisant revivre une convention de 1869, entraîner avec lui vers le Saint-Gothard, la Suisse et l'Italie. Telles sont certainement aussi les questions que se sont posées les honorables signataires de la proposition nouvelle.

Malheureusement, l'échec économique qui menace la France ne peut être mis en doute. Il faudrait être aveugle pour ne point le voir.

Ce qu'il y a dès lors à faire, puisque le mal existe, c'est de se demander s'il est possible d'en restreindre les effets, quels sont les moyens d'y parvenir, et quels sacrifices la mise en œuvre de ces moyens nous impose.

Ce sont là les points sur lesquels il nous paraît utile d'appeler l'attention.

Hors le cas de monopole, lorsque la concurrence s'exerce librement, les courants de transport obéissent à des lois aussi précises que celles qui régissent l'écoulement des eaux à la surface d'un bassin hydrographique. Les eaux suivent les lignes de plus grande pente ; les voyageurs et les marchandises prennent les directions les plus rapides et les moins chères. Pour les bassins commerciaux comme pour les fleuves, il y a des thalwegs où les courants convergent, des lignes de faîte qui séparent les courants de sens opposé.

Des combinaisons factices, des abaissements anormaux de tarifs peuvent, — difficilement pour les voyageurs, plus aisément pour les marchandises, — entraîner les courants hors de leur lit naturel. Mais ici, comme dans toute production industrielle, on ne saurait échapper à la loi du prix de revient. Un concurrent peut abaisser à son gré le prix de sa marchandise ; l'avantage reste à celui qui produit aux moindres frais. Entre deux voies concurrentes en lutte, la victoire finale appartient à celle que favorise la plus courte distance, en tant qu'elle entraîne le moindre temps de parcours et l'exploitation à meilleur marché.

Les bassins commerciaux peuvent donc être, pour un temps, dans une mesure plus ou moins large, facticement déformés par des procédés de concurrence, toujours onéreux à ceux qui les emploient. Mais la force des choses tend sans cesse à reprendre ses droits et à ramener les bassins à leurs limites normales. C'est donc finalement, pour être dans la pratique, — sinon aujourd'hui, demain sûrement, — des bassins commerciaux naturels qu'il faut s'occuper, pour déterminer les directions suivant lesquelles se fixeront les grands courants de transport, dans tel ou tel état de choses donné.

Ce point établi, si l'on recherche, lorsque le Saint-Gothard fonctionnera, quelles sont, pour la haute Italie et tout le reste de la Péninsule, — que commandent pour l'est et le sud Milan et Plaisance, — les limites qui sépareront le bassin commercial naturel de ce passage d'avec celui du Mont-Cenis, on trouve, en tenant compte de tous les éléments de la question, que ces lignes séparatives coupent la France suivant des trajectoires presque rectilignes qui, pénétrant par Besançon à l'est, passent non loin de Paris et se dirigent, à l'ouest, vers l'embouchure de la Seine (1).

Au Nord-Est de ces lignes séparatives, la région la plus riche de la France, — dont le bassin de la Seine, Paris compris, — devient commercialement tributaire du passage créé par l'Allemagne, pour l'Allemagne ; et, chose bien plus grave, du même coup, la Belgique et l'Angleterre entrent dans la sphère d'action du Saint-Gothard.

Qu'il y ait, comme on l'assure, quelques esprits en France qui prennent leur parti de cette situation faite à une portion de notre territoire et se préoccupent seulement, à ce propos, des moyens de rectifier les lignes françaises tendant vers le nouveau tunnel, cela pourrait, quoique passablement étrange, se concevoir à la rigueur, s'il ne s'agissait que du marché national proprement dit. Ainsi même, on trouverait sans doute, de ce côté, bien des déconvenues. Le chancelier de fer n'a pas percé le Saint-Gothard pour la France ; il a stipulé nettement (2) que la nouvelle voie est faite « pour faciliter le

---

(1) Voir à ce sujet la carte n° 1 annexée à cet écrit.

(2) Voici la teneur de l'article 7 de la convention de 1869-1871, relative au Saint-Gothard :

« Les hautes parties contractantes feront leurs efforts pour faciliter le plus possible, en vue de l'intérêt commun, le trafic entre l'Allemagne et

trafic entre l'Allemagne et l'Italie ». Mais enfin, se résignât-on à subir ce déboire de rattacher plus étroitement nos provinces de l'Est à l'Allemagne, cela ne nous rendrait pas le transit anglais et belge, et n'aiderait nullement, surtout, nos ports de la Manche à lutter contre Anvers.

Il y a donc autre chose et mieux à faire ; il faut chercher ailleurs le moyen de parer le coup qui nous menace.

Ce moyen, s'il existe, est unique. Il ne peut consister qu'à découvrir, dans la direction de la haute Italie, là où tendent les rails du Gothard, un passage plus central qui — pour prendre un exemple afin de fixer les idées — raccourcisse à la fois par rapport au Saint-Gothard et au Mont-Cenis, la distance de Paris à Milan et à Plaisance.

Si ce passage existait et que l'abréviation de parcours en résultant fût notable, la situation changerait complètement. La zone commerciale du nouveau passage, introduisant, comme un coin, une vallée nouvelle entre celles des deux passages existants, soustrairait une étendue plus ou moins grande de notre territoire à l'influence allemande et contribuerait à ramener aussi l'Angleterre et la Belgique dans notre giron, pour leurs communications avec la Méditerranée et l'Orient.

Or, ce résultat, il y a longtemps qu'il est démontré que le Simplon peut l'assurer à la France.

Tant qu'il s'est agi, pour franchir les Alpes, de tracés à fortes rampes s'élevant jusqu'au voisinage des cols, le Simplon ne présentait pas sur les passages rivaux une supério-

---

l'Italie, et à cet effet elles chercheront à provoquer sur le chemin de fer du Saint-Gothard le transport des personnes, des marchandises et des objets postaux le plus régulier, le plus commode, le plus rapide et le meilleur marché possible.

» La Compagnie du chemin de fer du Saint-Gothard organisera, avec les chemins de fer des Etats subventionnants, sur la demande des administrations de ces chemins de fer, un service direct (cumulatif) pour le transit sur le Saint-Gothard.

» La Suisse s'engage à prendre les mesures nécessaires pour que les trains soient organisés de telle manière qu'autant que possible ils coïncident sans interruption avec les chemins de fer de l'Allemagne et de l'Italie.

» Elle s'engage aussi à faire établir sur la ligne du Saint-Gothard, en été au moins, trois trains de voyageurs par jour dans les deux directions et en hiver au moins deux. Ces trains chemineront sans interruption et l'un d'eux sera un train express. »

rité marquée. Mais la possibilité de percer de longs tunnels lui a donné une suprématie indiscutable.

Apte, lorsqu'on se porte à des altitudes analogues à celles des tunnels du Saint-Gothard et du Mont-Cenis, à des percements un peu plus courts que ces derniers, le massif du Simplon est caractérisé d'une façon toute particulière par la faible épaisseur relative de la montagne à sa base. Cette circonstance permet, sans dépasser notablement la longueur des deux grands tunnels déjà construits, de percer le massif au niveau même de la vallée du Rhône, à une altitude de 500 à 600 mètres moindre que celle du tunnel du Mont-Cenis, et à 400 mètres plus bas que le tunnel du Saint-Gothard.

Dans ces conditions, quoiqu'il faille encore, de la tête sud du tunnel, descendre quelques centaines de mètres pour atteindre la facile et large vallée de l'Ossola, il n'y aurait, au Simplon, qu'une distance de 38 kilomètres de plaine à plaine. En moins d'une heure, grâce à la locomotive, on laisserait derrière soi le massif des Alpes et ses gorges abruptes, tandis qu'il faut cinq heures aujourd'hui pour franchir le Mont-Cenis entre Saint-Jean-de-Maurienne et Bussolino, et qu'il faudra plus de temps encore au Saint-Gothard pour aller d'Erstfeld, pied de la rampe nord, à Bodio, où l'on atteint, au sud, le niveau de la vallée du Tessin.

C'est là le trait spécial au passage du Simplon ; c'est là ce qui semble le destiner à devenir, un jour, la grande porte ouverte entre les régions du Nord et l'Italie ; et c'est vainement qu'on essaie de tirer une objection de la faible distance qui sépare géographiquement le Simplon du Saint-Gothard. Cette faible distance serait plutôt au contraire un argument en faveur d'un tracé destiné à faire concurrence à la voie allemande. Mais la géographie n'a ici que peu à faire. Les altitudes relatives des tunnels, la disposition des vallées qui y conduisent, jouent dans la question un rôle autrement important que les distances mesurées sur la carte.

Ce sont les hauteurs à franchir qui obligent, pour ne pas tomber, sinon dans des impossibilités absolues, du moins dans des frais de construction énormes, à adopter des tracés à fortes rampes et à courbes raides pour gagner les têtes de tunnels haut placés. Mais le parcours d'un kilomètre à fortes rampes ne se peut assimiler, ni comme durée ni comme frais de traction, au parcours d'un kilomètre de chemin de fer établi en plaine. Les tracés à fortes rampes entraînent des majorations considérables, et, pour comparer entre elles deux directions rivales, il ne suffit pas de mesurer le développement respectif que leurs rails présentent, il faut mettre en rapport leurs longueurs virtuelles, calculées de façon à tenir compte de l'influence des fortes rampes que ces directions contiennent.

C'est ainsi qu'il a été établi, depuis longtemps, que les distances *réelles*, par voies ferrées, étant entre Paris et Milan :

Par le Mont-Cenis... 951 kilomètres.
Par le Saint-Gothard. 927 —
Par le Simplon...... 850 —

les distances virtuelles deviennent :

Pour le Mont-Cenis.. 1.086 kilomètres.
Pour le Saint-Gothard. 1.062 —
Pour le Simplon..... 965 —

ce qui, à des raccourcis en faveur du Simplon de 101 et de 77 kilomètres, en substitue qui s'élèvent, pour ce même passage, à 121 et 97 kilomètres.

Au départ de Paris, en prenant de l'autre côté des Alpes Plaisance pour objectif, l'avantage du Simplon sur le Mont-Cenis diminue un peu ; il n'est plus que de 105 kilomètres au lieu de 121. Mais vis-à-vis du Saint-Gothard, l'avantage du Simplon augmente au contraire et devient de 108 kilomètres au lieu de 97.

La valeur démonstrative des chiffres fondamentaux que nous venons de citer dépend de deux circonstances : des directions suivant lesquelles ont été mesurées les distances *réelles* et de la justesse des règles qui servent à passer de ces distances *réelles* aux distances *virtuelles*.

L'un et l'autre point ne sont pas de ceux qui se débattent devant le grand public. Ce sont choses à examiner dans le cabinet entre hommes spéciaux.

Bornons-nous à dire que les mesurages dont les résultats figurent ci-dessus ont été faits, pour chaque direction, suivant les grandes lignes ferrées appelées à les desservir, en laissant de côté des raccourcis apparents, véritables trompe-l'œil qui disparaissent lorsqu'on tient légitimement compte des majorations; et, quant à ces majorations elles-mêmes, si elles peuvent paraître faibles aux hommes spéciaux qui se sont récemment occupés de la question, cela tient à ce que nous prenons pour point de comparaison, non une ligne théorique horizontale et rectiligne, mais une ligne dont les rampes et les courbes rentrent dans la moyenne des tracés de plaine (1).

Le raccourci de 108 kilomètres que nous avons indiqué plus haut en faveur du Simplon sur le Saint-Gothard représente, en valeur relative, plus de 9 0/0 de la distance la plus longue, près de 13 0/0 de la plus courte, et correspond, en valeur absolue : comme temps, à une abréviation de trajet de près de trois heures; comme frais, pour la messagerie, à 43 fr., pour la grosse marchandise, à 6 fr. 50 d'économie par tonne.

Personne ne pensera que de pareils éléments soient à négliger.

Ce n'est pas seulement leur temps que les voyageurs ménagent, c'est aussi l'excès de fatigue qu'ils veulent éviter. Dans les services internationaux à longs parcours, lorsque s'ouvre une voie nouvelle permettant une sensible abréviation de trajet, les trains rapides s'empressent de s'y adapter. Et quant aux marchandises, les débats récents qui ont eu lieu, sur l'obligation à imposer aux Compagnies françaises d'opérer leurs transports à petite vitesse par la voie la plus courte, montrent bien quelle est l'importance commerciale des raccourcis effectifs. Une variation de quelques francs suffit pour changer l'assiette des échanges, dévier les courants de transport, ouvrir ou fermer des marchés.

Gagner un dixième sur un parcours comme celui de Paris à Plaisance, ce serait un résultat d'une importance extrême, fécond en conséquences économiques ; et il faudrait

(1) Nous donnons, dans les notes annexées : A, B, C et D, des renseignements détaillés sur la manière dont ont été établies les distances *réelles*, et sur leur transformation en distances *virtuelles*.

se faire étrangement illusion pour imaginer qu'avec des lignes multipliées, comme le seront les lignes de fer pénétrant au sud des Alpes, après l'ouverture du Gothard, il soit possible d'obtenir davantage.

Cela posé, il est peu important, au point de vue national, de déterminer dans quelle mesure le raccourci dû au Simplon affecterait, quant aux communications avec Milan et Plaisance, le champ d'action du Mont-Cenis ; mais, en revanche, on ne saurait trop insister sur les avantages qu'aurait pour nous l'extension vers l'Est de la zone commerciale du nouveau passage.

L'influence du Simplon, de l'autre côté du Jura, dépasserait les limites de la Suisse allemande et prendrait Berne et Soleure jusqu'à Herzogenbuchsee.

Quant au territoire français, elle soustrairait à l'action du Gothard la vaste région s'étendant au nord et à l'est de Paris jusqu'à Belfort, Vesoul et Verdun. Au-dessus d'Hirson, elle pénétrerait en territoire belge, s'avancerait jusqu'à Bruxelles et viendrait atteindre au delà de Dunkerque la côte de la mer du Nord (1).

Là, deux ports étrangers rivalisent avec les ports français faisant face à l'Angleterre : Ostende, pour les voyageurs ; Anvers, pour les marchandises. Quelle serait, *viâ Simplon*, la situation de Calais, — surtout de Boulogne, qui possédera bientôt un port en eaux profondes, — comparativement à celle d'Ostende et d'Anvers, *viâ Gothard?* Voilà ce qu'il convient d'abord d'examiner.

En tenant compte des majorations de distance à provenir des fortes rampes du Grand-Luxembourg belge, les distances virtuelles pour les lignes tendant au passage allemand sont les suivantes :

Ostende, Plaisance	(*viâ Gothard*),	1,359	kilomètres.
Anvers-Milan	—*d*°—	1,212	»

(1) Voir carte n° 1 annexée.

Pour les ports français, nous avons en distances virtuelles :

Calais-Plaisance	*(viâ Simplon)*	1,322	kilomètres
Boulogne-Plaisance	—*d*°—	1,279	»
Calais-Milan	—*d*°—	1,264	»
Boulogne-Milan	—*d*°—	1,221	»

D'où il suit que, pour les voyageurs, Calais et Boulogne l'emportent sur Ostende de distances variant de 80 à 37 kilomètres et que, si pour les marchandises il y a perte, cette perte, au moins pour Boulogne, est extrêmement faible, puisqu'elle atteint seulement 9 kilomètres.

On pourrait encore améliorer cette situation. La direction, la plus courte aujourd'hui, suivie par nos itinéraires passe par Reims, Blesmes, Chaumont et Gray. Ce sont des sections morcelées, qui n'ont pas été construites pour faire partie d'une même grande ligne, et que de nombreuses rectifications, peu coûteuses, abrégeraient notablement.

Ajoutons que, dans l'état actuel des choses, par Paris, la distance pour les voyageurs serait la même, sauf le transport de gare en gare en plus, et que, pour les marchandises, l'allongement de parcours serait de dix kilomètres à peine. Dans ces conditions, même par Paris, les ports français du détroit seraient, avec le Simplon, en mesure de soutenir la lutte contre les ports belges et le Gothard. Sans doute, il ne faudrait pas, pour cela, qu'on s'en reposât uniquement sur une situation où les avantages s'équilibrent à peu près. Il faudrait que les services à destination internationale s'organisassent de façon à attirer voyageurs et marchandises; mais tous ces efforts seraient vains si, aux distances que nous venons de faire ressortir, il fallait substituer celles correspondantes au Mont-Cenis, qui excèdent de plus de 100 kilomètres celles données par le Simplon.

Il n'est pas inutile, à ce propos, de faire remarquer quel poids viendra jeter dans la balance, en faveur de Calais et de Boulogne, le percement du tunnel sous la Manche, — entreprise discrète, qui marche sans bruit, mais qui avance sans cesse et que nos persévérants voisins n'abandonneront pas.

Entre temps, ce qui paraît plus intéressant encore à constater, c'est que, grâce au Simplon, la Seine maritime deviendrait plus voisine de Milan que le bas Escaut.

Si l'on ajoute, en effet, à la distance virtuelle de Paris à Milan.................................... 965 kil.
celle de Paris à Rouen .... 136 —
Le total obtenu...... 1.101 kil.

est de 111 kilomètres inférieur à la distance virtuelle d'Anvers à Milan, *viâ Gothard*.

Pour le Havre, placé 95 kilomètres plus loin, l'avance se réduirait à 16 kilomètres, mais subsisterait encore.

Ce qui précède nous paraît suffire pour rendre bien manifeste, au point de vue de la circulation transitaire, l'avantage d'une percée nouvelle des Alpes rapprochant notablement, de Milan, Paris et les ports de la Manche et du détroit (1).

Les avantages à recueillir de ce rapprochement par quelques-uns de nos marchés intérieurs ne sont pas d'un moindre intérêt.

Si, dans le voisinage des lignes de partage, il y a presque équilibre entre les diverses directions rivales, les raccourcis s'accentuent au contraire lorsqu'on se rapproche de l'axe du bassin, — de ce qu'on pourrait appeler son thalweg ; et, dans cette ligne centrale elle-même, à mesure qu'on s'avance vers l'objectif à atteindre, les raccourcis obtenus croissent en valeur absolue et surtout en importance relative. De là un redoublement d'activité dans les échanges entre marchés déjà en rapport. De là aussi, pour des marchés séparés par des distances commercialement infranchissables, la possibilité de se mettre en relations, au grand profit des uns et des autres.

Il y a longtemps qu'on l'a démontré : le percement du Simplon ouvrirait, de l'autre côté des Alpes, à quelques

(1) Les § 1er et 2e de la note annexe F donnent, sur la situation comparée des ports d'Ostende et d'Anvers avec les ports français de la Manche et du détroit, dans leurs relations possibles avec Plaisance et Milan, clefs de toutes les voies ferrées du sud et de l'est de la péninsule, des renseignements plus étendus que ceux présentés ici.

produits français, des débouchés que le Mont-Cenis ne leur a pas donnés, que le Gothard ne leur donnera pas davantage. C'est ainsi que le Simplon permettra aux houilles de nos charbonnages français de la Loire d'aller remplacer les houilles anglaises dans le bassin du Pô ; c'est ainsi qu'il ouvrira à nos vins de Bourgogne la route de la haute Italie, et qu'en plaçant Gray à 540 kilomètres de Milan il rendra possible, entre nos grands marchés de céréales et ceux de la Lombardie, des rapports favorables à la stabilité des prix (1).

Il ne peut être, après un pareil examen, douteux pour personne qu'une percée du Simplon ne soit avantageuse à la France. Quelle est la mesure de cet avantage? C'est ce qu'il est plus difficile de préciser rigoureusement.

Les bénéfices à provenir, pour les régions voisines des versants français du Jura, de l'ouverture de nouveaux débouchés sont palpables, mais ne se prêtent guère à une évaluation mathématique. Et, quant aux courants de transit, il n'est pas aisé non plus de les saisir dans leurs ramifications multiples, et leurs mouvements compliqués, que tant de circonstances font varier. Seulement, cè que l'on sait, c'est que les marchandises étrangères expédiées en transit par nos frontières de terre et nos ports représentent une valeur considérable, et que, jusqu'à ce jour, cette valeur n'a cessé de croître, nonobstant quelques fluctuations momentanées. Sans doute, eu égard à leur prix élevé, — de près de 2,500 fr. la tonne dans la dernière période décennale, — le poids des marchandises en transit est faible par rapport à leur valeur argent. Toutefois, le poids transporté dépasse notablement 200,000 tonnes et, dans tous les cas, on ne saurait tenir peu de compte d'un mouvement de marchandises précieuses, dont la valeur oscille entre 600 et 700 millions de francs (2), et qui, pour la plupart, peuvent supporter les frais de la grande vitesse.

Sans doute, la totalité de ce trafic n'appartiendra pas au Simplon ; mais ce passage empêchera que la concurrence

(1) On trouvera, dans la note annexe F, § 4, des renseignements plus développés sur la question des « relations commerciales entre la France et la Haute Italie que le percement du Simplon créerait ou activerait. »

(2) Poids moyen du transit dans la période décennale de 1867 à 1876 238,000 tonnes ; valeur argent correspondante 576 millions de francs (Tableau décennal du commerce de la France). La valeur totale des importations et exportations étant de 8,464 millions, le transit en représente les 7 0/0.

allemande ne nous en enlève la plus forte part. Et, si la fonction capitale du nouveau percement est de maintenir sur rails français les courants de voyageurs à destination de la Méditerranée et de l'Orient, par les ports avancés de la péninsule italienne, si son principal objet est de conserver ainsi à nos industries l'achalandage sans lequel le commerce périclite, il n'est pas moins vrai que son action, au point de vue transitaire, est un appoint qui n'est pas à dédaigner.

A l'heure où la France a pris la résolution de faire des efforts se chiffrant par milliards pour compléter son outillage de voies ferrées, le réseau de ses voies navigables, et pour augmenter les aptitudes nautiques de ses grands ports de commerce, il ne serait peut-être pas sérieux de considérer d'un point de vue étroit la question que le Simplon soulève. Quand de graves intérêts nationaux se rattachent à une nouvelle percée des Alpes, après que l'Allemagne a fait de larges sacrifices, couronnés de succès, pour avoir sa porte ouverte sur l'Italie, il ne serait peut-être pas concevable que la France refusât à une entreprise qui sauvegarde ses intérêts un concours sans lequel celle-ci serait irréalisable (1).

Des objections ont été faites, nous le savons : on a parlé des intérêts spéciaux du port de Marseille ; on craint que ces intérêts soient compromis par tout ce qui facilite le mouvement des voyageurs et des marchandises vers l'extrémité de la péninsule italienne. Peut-être y avait-il lieu de débattre ces considérations quand l'Empire s'est décidé à contribuer au percement du Mont-Cenis. C'est le Mont-Cenis qui a fait le mal, si mal il y a ; c'est lui qui dérive de Marseille le courant de transport qui préfère la voie de terre à la voie de mer. Le percement du Simplon n'empirerait pas cette situation. Comme zone tributaire, le port de Gênes, *viâ Mont-Cenis*, embrasse une partie de la Savoie et la Suisse romande. Le Simplon ne peut que lutter avec le Mont-Cenis dans une partie de cette région, et par suite ne nuirait pas à Marseille. Quant aux revers français du Jura, Marseille y conserve sur Gênes, *viâ Simplon*, une suprématie indiscutable, et il faut remonter jusqu'à Mulhouse

(1) Dans le § 5 de la note annexe F, est examinée avec détails la question posée, ici, en termes sommaires. On ne saurait trop engager le lecteur à se reporter à ce paragraphe.

pour trouver un nœud de circulation où le Gothard, non le Simplon, pourrait favoriser Gênes au détriment de Marseille. Mais, à cette distance, les ports de la Méditerranée ont déjà rencontré la concurrence des ports de la Manche et de la mer du Nord. Le Simplon n'ajoute donc rien au tort que, par le Mont-Cenis, Gênes fait à Marseille. Et, quant au courant à grand parcours qui se porte vers l'extrémité sud de l'Italie, le Simplon pourra lui donner plus d'activité; mais il ne détournera du golfe du Lion ni un voyageur ni une tonne de marchandise de plus que le Mont-Cenis (1).

Sous ce rapport donc aucune appréhension justifiable ne peut être mise en avant.

Reste un autre point.

Oui, dit-on, la cause est entendue. Il faut une nouvelle percée des Alpes; cela n'est plus discutable, mais ce n'est pas au Simplon qu'elle doit se faire, c'est au Mont-Blanc.

Laissons de côté les arguments sans valeur : le fait que le massif du Simplon est suisse et non pas français, et l'argument stratégique, ce spectre dialectique dont on joue de nos jours, à propos de voies ferrées, comme jadis, pour d'autres fins, on jouait du spectre rouge. Restons dans les considérations positives, celles qui se rattachent au mouvement commercial et industriel du pays.

Sur ce terrain, la question devient exclusivement technique et financière. Il n'y a d'aucun côté d'impossibilité radicale en vue. Les tunnels à percer sont à peu près de même longueur. Le débat est donc possible. Ce sont des éléments précis à comparer, deux grandes voies ferrées, réunissant les mêmes points de départ et d'arrivée, à mettre en parallèle, quant à la dépense qu'entraînera leur achèvement, au délai nécessaire pour en disposer et, surtout, à leur aptitude relative comme appareil de transport.

S'il existait pour le Mont-Blanc des projets complètement étudiés, comme on en possède pour le Simplon, la comparaison serait, sinon facile, du moins réalisable. Ce serait

(1) On trouvera, dans la note annexe F, § 3, sur ce point intéressant, des renseignements plus complets que ceux qui sont donnés ici.

affaire de soin et de conscience. Malheureusement la solution du Mont-Blanc, dans toutes ses parties : situation à choisir pour le tunnel; longueur de celui-ci; tracé des voies d'accès, depuis Sallanches en versant français, jusqu'à Ivrée, dans la vallée d'Aoste, tout cela c'est encore l'inconnu.

Nous ne prétendons pas qu'il y ait au Mont-Blanc des difficultés insurmontables. Nous avons vu les lieux. Le Mont-Blanc offre réellement une solution relativement plus favorable qu'on ne pourrait s'y attendre. La base du géant des Alpes est moins épaisse qu'on ne devait croire, et les vallées d'accès ne sont pas extrêmement difficiles. Cela veut-il dire qu'un tracé de voie ferrée y soit aisé et que ce passage puisse rivaliser avec celui du Simplon? Ce serait une étrange erreur de le supposer.

On poursuit au Mont-Blanc des solutions qui paraissent excessives. On cherche, des deux côtés, à arriver aux têtes du tunnel avec des rampes ne dépassant pas 12 millimètres et demi. C'est une illusion. Le chemin de fer de Chamounix est tracé jusqu'à Cluses. De là, pour monter au Mont-Blanc, il faudra des rampes de 25 millimètres, et ces rampes feront passer à plus de cent mètres au-dessus du thalweg de l'Arve, dans des rochers abrupts, à une hauteur vertigineuse, le tracé de la ligne que des rampes plus faibles porteraient encore plus haut, sur de plus grandes longueurs. En versant italien, dans la vallée de la Dora, entre Ivrée et Aoste, la hauteur à racheter, sur 67 kilomètres, avec quelques défilés très difficiles, est de plus de 360 mètres, et, en amont d'Aoste, c'est sur d'immenses talus de moraines fortement inclinés, et au milieu de vastes éboulements de rochers, qu'il faudra asseoir la ligne, à une élévation de 35 à 40 mètres au-dessus du thalweg. Et, quels que soient les efforts que l'on tente à ce sujet, on ne pourra se dispenser d'excéder notablement, dans cette partie, la fameuse rampe de 12 m/m 1/2, qu'on aura été déjà forcé de dépasser entre Ivrée et Aoste. En supposant même, en effet, la tête sud du tunnel établie à l'altitude de 1,030 mètres, — ce qui oblige, sur plus de 5 kilomètres, à placer la galerie, sous le thalweg de la Dora, dans des conditions géologiques périlleuses, en s'exposant à d'énormes difficultés pratiques, — il n'y en aurait pas moins à s'élever, depuis Aoste, de 430 mètres, ce qui, avec un développement de 30 kilomètres, conduit à une rampe continue de bien près de 15 millimètres, sans rien compter pour les stations et pour toutes les parties du tracé où l'on ne peut atteindre rigoureusement la rampe limite.

Ce n'est d'ailleurs pas seulement aux approches de la montagne que quelques partisans du Mont-Blanc se livrent à des combinaisons à outrance. Pour atteindre au départ de Paris la bifurcation de Bellegarde, où la voie ferrée du Mont-Blanc quitterait les rails du Lyon-Genève, au lieu de prendre la grande ligne de Bourgogne, puis celle de Genève à partir de Mâcon, — lignes qui sont virtuellement les plus courtes, — les tenants du Mont-Blanc se jettent dans des raccourcis absolument illusoires. C'est ainsi qu'ils s'écartent de la grande ligne, à Auxerre, pour s'engager entre Avallon et Dracy-Saint-Loup dans les montagnes du Morvan; c'est ainsi qu'ils traversent de nouveau la grande ligne à Chalon-sur-Saône pour épouser une ligne secondaire, et qu'à partir de Bourg ils délaissent Culoz et la vallée du Rhône pour se porter vers Bellegarde par les hauts contreforts du Jura.

Ils arrivent ainsi, pour le parcours Paris-Bellegarde, à une distance de 505 kilomètres au lieu des 593 que mesurent les rails du Paris-Lyon-Méditerranée. Si l'on passe aux distances virtuelles, cet avantage fictif disparaît entièrement (1).

Nonobstant tout cela, en continuant à violenter, à partir de Sallanches, d'hypothétiques tracés; admettant, dans la plaine piémontaise, entre Ivrée et Santhià, par une ligne nouvelle à créer, une abréviation de trajet de 40 kilomètres, exagérée de près de moitié, les partisans du Mont-Blanc arrivent à Milan avec un parcours réel de 848 kilomètres.

Si l'on écarte les 88 kilomètres de raccourcis illusoires entre Paris et Bellegarde, et l'abrévation possible, mais douteuse toutefois, entre Ivrée et Santhià, on a, par le Mont-Blanc, entre Paris et Milan, en distances réelles, 988 kilomètres.

C'est 37 kilomètres *de plus* que le Mont-Cenis; 138 *de plus* que le Simplon. L'abréviation Ivrée-Santhià, qui ne

(1) Les itinéraires détaillés, note A, contiennent, à cet égard, des indications confirmatives, plus complètes que celles présentées ici.

peut dépasser 28 à 29 kilomètres, laisserait donc encore le Mont-Blanc en arrière : sur le Mont-Cenis de 8 à 9 kilomètres; sur le Simplon de 109 à 110.

Parlerons-nous des distances virtuelles?

Pour argumenter avec précision sur celles du Mont-Blanc, il faut attendre que le tracé soit fait.

La majoration à laquelle on sera conduit alors sera certainement un peu moins forte que pour le Mont-Cenis (1). Mais que d'imprévus possibles, comme longueur réelle, entre Sallanches et Ivrée sur les mesurages qui nous ont servi de bases. Dans tous les cas, la différence dans les majorations sera peu considérable, et il n'est pas téméraire d'avancer dès à présent, qu'une ligne nouvelle par le Mont-Blanc offrirait, soit en distances réelles, soit en distances virtuelles, si peu d'avantages sur le Mont-Cenis, que cette création n'ouvrirait à nos communications internationales aucun champ nouveau et ne se justifierait ni de près ni de loin.

Nous avons la plus entière confiance que, plus seront approfondies les études comparatives auxquelles on se livrera, mieux elles confirmeront ces prévisions.

La France a besoin d'une nouvelle percée des Alpes. C'est au Simplon qu'elle doit être faite.

---

(1) Ainsi qu'on peut le voir dans les notes C et D, la majoration principale attribuée par nous au Mont-Blanc est, en effet, plus faible de 30 kilomètres que celle afférente au Mont-Cenis.

DOCUMENTS ET NOTES ANNEXES

(Voir la table des matières d'autre part)

NOTES ANNEXES

TABLE DES MATIÈRES

Note A

Itinéraires en distances RÉELLES.

Le débat que soulève l'établissement d'un nouveau grand passage des Alpes porte principalement sur une question de moindres frais de transport et de moindre temps de parcours.

La solution de cette question dépend de deux éléments : les ongueurs *réelles* à parcourir, et la plus ou moins grande facilité, comme pentes et courbes, des lignes à emprunter, ce qui conduit à la détermination des longueurs *virtuelles*.

Dans la note B, ci-après, nous examinons cette seconde face du problème. Dans la présente note, nous voulons seulement fixer, avec toute la précision possible, — en fournissant au lecteur les moyens de vérifier les chiffres énoncés, — les distances réelles de parcours entre les points à raccorder.

A moins d'exceptions justifiées par des observations spéciales, les directions adoptées sont toujours les plus courts trajets que permettent de suivre les lignes actuellement exploitées; et, pour les lignes non encore ouvertes, les longueurs employées ont été déduites, ainsi qu'il est spécifié pour chaque cas, des projets de tracés existants donnant le plus de garantie. On a de plus indiqué, en les discutant, les divers raccourcis auxquels on peut songer à recourir.

En ce qui concerne les lignes existantes, les distances ont été relevées sur les *Livrets-Chaix* du mois de mars 1881, pour les chemins de fer français et ceux de l'Europe. Ces *Livrets* sont dressés avec soin et d'après des bases authentiques. On a dû toutefois les contrôler et les rectifier dans quelques parties. Les longueurs qui en sont déduites sont en caractères romains. On a employé les caractères italiques pour les quelques données numériques élémentaires dont la valeur exige une justification spéciale.

On s'est efforcé de rendre chaque itinéraire à la fois aussi succinct et aussi clair que possible. Pour satisfaire à cette double condition et rendre le contrôle facile, on n'a pas décomposé ceux des parcours sur lignes existantes que l'on peut trouver dans une même page des *Livrets*, mais on a donné le numéro de cette page, et, lorsqu'un itinéraire comprend des données élémentaires cumulées, une indication renvoie à l'itinéraire où le groupement a été fait pour la première fois.

A cet écrit est d'ailleurs annexée, planche 2, une carte de la zone géographique de la France et des pays limitrophes utiles à considérer, sur laquelle sont indiquées, le long des voies ferrées existantes ou à créer, les distances partielles reproduites dans les itinéraires ou servant à les former. Ces distances sont écrites en rouge et correspondent à l'intervalle des deux localités les plus voisines écrites de cette même couleur.

Les itinéraires ont été partagés en cinq groupes, un pour chacun des quatre passages à long tunnel : Mont-Cenis, Simplon, Gothard et Mont-Blanc, un cinquième groupe comprenant des itinéraires par le littoral et quelques autres procédant de Marseille sans franchir les Alpes.

A ces divers groupes ont été attribués les indices 1, 2, 3, 4 et 5, dans l'ordre où nous les avons énumérés ci-dessus.

De plus, ces itinéraires étant dressés pour être reportés dans un tableau récapitulatif (note D), ils ont reçu des lettres de classement, la même pour chacun d'eux dans les divers groupes où ils figurent.

Ces soins, inspirés par le respect du lecteur, nous ont paru nécessaires dans l'intérêt de la vérité qui n'a rien à gagner aux discussions confuses.

Nous devons ajouter un dernier avis.

Dans la série des itinéraires s'en trouvent plusieurs qui ne procèdent pas de points de départ d'une importance caractéristique, et correspondent ou à des points de bifurcation, ou à des localités secondaires. Ces itinéraires et beaucoup d'autres ont dû être calculés tant pour simplifier le dressement des itinéraires principaux que pour aider à la détermination des lignes séparatives des zones appartenant aux divers passages, telles que les indique la carte n° 1. On a cru devoir donner *in extenso* les plus importants d'entre eux.

ITINÉRAIRES viâ MONT-CENIS (1)

a.1. — GENÈVE—GÊNES.

Genève				Cette direction est unique.
Culoz	66		p. 230	
Turin	242	308	id.	
Gênes	»	166	p. 534	
		474		

b.1. — GENÈVE—MILAN.

Genève				Cette direction est unique.
Turin	»	308	Itinér. a.1.	
Milan	»	150	p. 538	
		458		

c.1. — GENÈVE—PLAISANCE.

Genève				Cette direction par Alexandrie est de 31 kilomètres plus courte que celle par Milan. On crée, en ce moment, entre Vercelli et Broni, une ligne passant par Mortara qui donnera une seconde ligne Turin-Plaisance justement égale à celle par Alexandrie.
Turin	»	308	Itinér. a.1.	
Alexandrie	91		p. 530	
Plaisance	97	188	id.	
		496		

(1) Tous les itinéraires *viâ* Mont-Cenis passant par Turin, les différences que présentent entre eux les trois itinéraires **a.1**, **b.1**, **c.1** doivent se retrouver dans tous les itinéraires ayant un point de départ commun et aboutissant respectivement aux trois objectifs Gênes, Milan et Plaisance. C'est à la fois un procédé de contrôle et un moyen de déduire, au besoin, ces itinéraires les uns des autres.

d.1. — LYON—GÊNES.

Lyon	»	102	p. 228
Culoz	242		p. 230
Turin	166	408	p. 534
Gênes			
		510	

La direction par Culoz est aujourd'hui la seule sur le Mont-Cenis. Une ligne nouvelle, classée, entre Saint-André-le-Gaz et Chambéry, abrégera ce parcours comme longueur réelle; mais, dès avant Saint-André-le-Gaz, on trouve de fortes rampes, et pour atteindre Chambéry, il faut s'élever de 100 mètres et redescendre de 240 mètres, ce qui implique des majorations annulant complètement le raccourci.

e.1. — LYON—MILAN.

Lyon	»	102	p. 228
Culoz	242		p. 230
Turin	150	392	p. 538
Milan			
		494	

Même observation que ci-dessus. (Itinéraire **d.1**.)

f.1. — LYON—PLAISANCE.

Lyon	102		p. 228
Culoz	242	344	p. 230
Turin	»	188	p. 530
Plaisance			
		532	

Même observation que ci-dessus. (Itinéraire **d.1**.)

g.1. — MOUCHARD—GÊNES.

Mouchard	49		p' 228
Lons-le-Saulnier	64	113	id.
Bourg	81		
Culoz	408	489	
Gênes			
		602	

Cette direction est l'unique aujourd'hui. — Une ligne classée, sur Ambérieu, en prolongement de l'embranchement d'Andelot à Champagnole, fournira une seconde direction, mais de longueur à très peu près identique.

h.1. — DIJON—GÊNES.

Dijon				On construit, en ce moment, entre Dijon et Saint-Amour, (ligne de Lyon à Besançon) une ligne nouvelle qui donnera la distance suivante entre Dijon et Bourg : Dijon-Saint-Amour 113 kil. Saint-Amour-Bourg 30 kil. 143. Soit une abréviation de 20 kilomètres (1).
Mâcon	126		p. 210	
Bourg	37	163	p. 230	
Culoz	»	81	id.	
Gênes	»	408	Itinér. **d. 1.**	
		652		

i.1. — SAINCAIZE—GÊNES.

Saincaize				Cette direction par Moulins, Paray-le-Monial et Mâcon est la plus courte qu'on puisse prendre.
Moulins	49		p. 224	
Mâcon	145	194	p. 223 et 285	
Bourg	37		p. 230	
Culoz	81	118	id.	
Gênes	»	408	Itinér. **d. 1.**	
		720		

j.1. — SAINCAIZE—MILAN.

Saincaize			
Mâcon	194		Itinér. **i. 1.**
Culoz	118	312	id.
Milan	»	392	Itinér. **e. 1.**
		704	

(1) Voir la note (*a*) rattachée à l'itinéraire **h. 4**, *via Mont-Blanc*, montrant que cette abréviation n'a *virtuellement* aucune importance.

k.1. — SAINCAIZE—PLAISANCE.

Saincaize			
Culoz	»	312	Itinér. j.1.
Turin	242		p. 230
Plaisance	188	430	Itinér. c.1.
		742	

l.1. — PARIS—GÊNES.

Paris			
Mâcon	441		p. 211
Culoz	118	559	Itinér. i.1.
Gênes	»	408	Itinér. d.1.
		967	

Cet itinéraire suit la grande ligne du P.-L.-M. Dans la note *(a)* déjà citée, rattachée à l'itinéraire **h. 4**, *viâ Mont-Blanc*, et dans la note *(c)* rattachée à l'itinéraire **m. 4**, *viâ Mont-Blanc*, nous montrons que des raccourcis invoqués par les partisans de ce passage, et qui profiteraient également au Mt-Cenis, sont illusoires, quand on considère, comme cela doit se faire, les distances *virtuelles*.

m.1. — PARIS—MILAN.

Paris			
Culoz	»	559	Itinér. l.1.
Milan	»	392	» e.1.
		951	

n.1. — PARIS—PLAISANCE.

Paris			
Culoz	»	559	Itinér. l.1.
Plaisance	»	430	» k.1.
		989	

o.1. — SAINT-RAMBERT—PLAISANCE.

Saint-Rambert—Grenoble	92		p. 241
Grenoble—Montmélian	49		p. 232
Montmélian—Turin	192	333	p. 230
Turin—Plaisance	»	188	Itinér. c. 1.
		521	

p.1. — SAINT-GEORGES-D'AURAT—PLAISANCE.

St-Ges.-d'Aurat—Lyon	»	197	p. 246 et 251
Lyon—Plaisance	»	532	Itinér. f. 1.
		729	

aa.1. — BESANÇON—GÊNES.

Besançon—Bourg	»	154	p. 228
Bourg—Gênes	»	489	Itinér. g. 1.
		643	

ab.1. — BESANÇON—PLAISANCE.

Besançon—Bourg	»	154	p. 228
Bourg—Culoz	81		p. 230
Culoz—Plaisance	430	511	Itinér. f. 1.
		665	

ap.1. — CALAIS—PLAISANCE (Par Paris).

Voyageurs.

Calais			
Paris	»	297	p. 318
Plaisance	»	989	Itinér. **n.1**.
		1286	Pl. la trav. de Paris.

Marchandises (par grande ceinture.)

Calais			
St-Denis	»	290	p. 318
Epinay	»	3	Gr. ceinture.
Villen.-St-Geor.	»	37	Idem.
Plaisance	»	974	989k — 15k = 974k
		1304	

Par Paris, conformément aux itinéraires ci-contre, la distance d'Amiens à Dijon est: *voyageurs*, 446 k., plus la traversée de Paris; *marchandises*, 464 k.

Cette distance, par Reims, Chaumont et Chalindrey, serait de 475 k., soit un peu plus considérable tant pour les voyageurs que pour les marchandises. A quoi nous devons ajouter qu'en faisant pénétrer les marchandises dans Paris, et utilisant la ceinture *intra muros*, dont le développement est de 12 k. entre Paris-la-Villette et Paris-Bercy, le parcours de celles-ci serait de 6 k. moindre que par la grande ceinture.

aq.1. — BOULOGNE—PLAISANCE (Par Paris).

Voyageurs	»	1243
Marchandises	»	1261

Ces itinéraires sont déduits, respectivement, des itinéraires **ap.1**, en retranchant la distance de 43 k. de Calais à Boulogne.

Les observations ci-dessus s'y appliquent.

as. 1. — GÊNES—MONTMÉLIAN.

Gênes			
Turin	»	166	p. 534
Montmélian	»	192	p. 230
		358	

au.1. — GÊNES — CULOZ.

Gênes			
Montmélian	»	358	Itinér. **as.1**.
Culoz	»	50	p. 230.
		408	

ITINÉRAIRES viâ SIMPLON (1)

a.2. — GENÈVE—GÊNES.

Genève			
	»	10	Estimation sur carte.
Annemasse			
	30		p. 232
Thonon			
	31		Projets Vauthier 1860
Bouveret			
	23	84	p. 503
St-Maurice			
	93		p. 502
Brieg			
	38	131	Projets Lommel et Vauthier.
Domo			
	54		Loi Italienne de 1879
Gozzano			
	36	90	p. 538
Novara			
	25		p. 537
Mortara			
	116	144	id.
Gênes			
		456	

Par Arona, au lieu de Gozzano, le trajet serait plus long de 7 kilomètres.

De Gravellona à Novara on a, par l'itinéraire ci-contre :

Gravellona-Gozzano. 23 k.
Gozzano-Novara . . 36 k. } 59 k.

Tandis que par Arona on aurait :

Gravellona-Arona . 29 k.
Arona-Novara . . . 37 k. } 66 k.

---

(1) Arona avait été adopté, par l'ancienne compagnie de la ligne d'Italie, dans les projets présentés par elle en 1860 et approuvés alors par le gouvernement italien, comme point de jonction avec le réseau de la péninsule.

D'après la loi italienne du 29 juillet 1879, c'est par Gozzano, au lieu d'Arona, que la ligne d'accès au Simplon a été classée. Cette ligne, dont le profil, quoique facile, n'est pas tout à fait aussi beau que celui du tracé par Arona, rejoint à Gravellona le dit tracé, et donne, comme il est indiqué à l'itinéraire **a. 2**, un raccourci de 7 k. sur Gênes. En revanche, cette direction donne, sur Milan, un allongement de 12 k., — qui ne pourrait être supprimé mais seulement réduit à 5 k. en construisant, comme il est indiqué à l'itinéraire **b. 2**, un raccordement de 15 k. sur Sesto-Calende. D'autre part, en ce qui concerne Plaisance, principal objectif pour nous au delà des Alpes, il résulte également de ce qui est indiqué à l'itinéraire **c. 2**, qu'en utilisant, à partir de Mortara, la ligne de Broni, classée et en construction, et dont nous tenons compte pour le Mont-Blanc, la distance est de 1 k. seulement supérieure à celle par Arona.

Par conséquent, en passant par Arona au lieu de Gozzano et Novara, on aurait, tout restant égal par ailleurs :

Genève — Gênes ; 463 k. au lieu de 456 k.
» — Milan ; 352 k. au lieu de 364 k. ou 357 k.
» — Plaisance ; 421 k. au lieu de 422 k.

Quel que soit le parti définitif qui sera adopté en territoire italien, il n'y aura donc aucune modification appréciable à introduire dans les conclusions qui peuvent être tirées des itinéraires adoptés par nous pour le Simplon.

Ajoutons que l'observation faite, au sujet du Mont-Cenis, sur les différences de longueur des itinéraires, suivant qu'ils ont pour objectif Gênes, Milan ou Plaisance, s'applique également, en principe, au Simplon.

b.2. — GENÈVE—MILAN.

Genève —			
Annemasse —	»	10	Itinér. **a.2.**
Novara —	305		Idem.
Milan —	49	354	p. 538
		364	

D'après l'itinéraire ci-contre combiné avec l'itinéraire **a.2**, la distance Domo-Milan est : 90 k. + 49 k. = 139 k.

Par Arona, placé à 60 k. de Domo, d'après les projets approuvés de 1860, cette distance serait : 60 k. + 67 k. = 127 k.

La direction par Gozzano implique donc un allongement de 12 k. qui pourrait être réduit à 5 k., moyennant un raccordement de 15 k. entre Borgomanero et Sesto-Calende, — station de la ligne de Milan, à 9 k. d'Arona, — lequel donnerait 20 k. de Gozzano à Sesto-Calende et 43 k. de Gravellona au même point, au lieu de 38 k. qu'il y aurait par Arona.

c.2. — GENÈVE—PLAISANCE.

Genève —			
Novara —	»	315	Itinér. **b.2.**
Mortara —	25		p. 537
Broni —	45		Loi italienne.
Plaisance —	37	107	p. 530
		422	

Par Arona, l'itinéraire le plus court sur Plaisance passe par Milan, et présenterait le développement suivant :

Genève-Domo ;	225 k. Itinér. **a.2.**
Domo-Milan .	127 k. Note **b.2.**
Milan-Plaisance	69 k.
Total	421 k.

Soit un raccourci de 1 kilomètre.

d.2. — LYON-GÊNES.

Lyon —			
Bellegarde —	135		p. 228 et 230
Annemasse —	39	174	p. 232
Gênes —	»	446	Itinér. **a.2.**
		620	

e.2. — LYON—MILAN.

Lyon			
Annemasse	»	174	Itinér. d.2.
Milan	»	354	Itinér. b.2.
		528	

f. 2. — LYON—PLAISANCE.

Lyon			
Annemasse	»	174	Itinér. d.2.
Novara	305		» b.2.
Plaisance	107	412	» c.2.
		586	

g.2. — MOUCHARD—GÊNES.

Mouchard			
Pontarlier	61		p. 224
Lausanne	72		p. 501
St-Maurice	53	186	p. 502
Gênes	»	362	Itinér. a.2.
		548	

h.2. — DIJON—GÊNES.

Dijon			
Mouchard	»	79	p. 224
Gênes	»	548	Itinér. g.2.
		627	

i.2. — SAINCAIZE — GÊNES (Par Moulins, Mâcon et Culoz).

Saincaize — Culoz	312		Itinér. i.1.
Culoz — Bellegarde	33		p. 230
Bellegarde — Annemasse	39	384	p. 232
Annemasse — Gênes	»	446	Itinér. a.2.
		830	

Cette direction est de 22k plus courte, en distance *réelle*, que celles qui passeraient par Chagny, Dijon et Mouchard, ou par Chagny, Chalon, Lons-le-Saulnier et Mouchard. Elle l'est encore plus, dès lors, en distance *virtuelle.*

j.2. — SAINCAIZE — MILAN.

Saincaize — Annemasse	»	384	Itinér. i.2.
Annemasse — Milan	»	354	» b.2.
		738	

k.2. — SAINCAIZE—PLAISANCE.

Saincaize — Annemasse	»	384	Itinér. i.2.
Annemasse — Plaisance	»	412	» f.2.
		796	

l.2.— PARIS-GÊNES.

Paris — Dijon	»	315	p. 211.
Dijon — Gênes	»	627	Itinér. h.2.
		942	

m.2.— PARIS — MILAN.

Paris — Dijon	315		p. 211.
Dijon — Mouchard	79	394	p. 224.
Mouchard — Saint-Maurice	186	»	Itinér. **g.2.**
Saint-Maurice — Novara	221	407	» **a.2.**
Novara — Milan	»	49	p. 538.
		850	

n.2.— PARIS — PLAISANCE.

Paris — Novara	»	801	Itinér. **m.2.**
Novara — Plaisance	»	107	» **c.2.**
		908	

o.2. — SAINT-RAMBERT — PLAISANCE.

St.-Rambert — Lyon	»	65	p. 216.	La direction par Lyon est de 24 kilomètres plus courte que celle par Montmélian. Par Lyon, il y a, de Saint-Rambert à Culoz, 65 + 102 = 167 k.; par Montmélian, cette distance est de 141 + 50 = 191 k.
Lyon — Plaisance	»	586	Itinér. **f.2.**	
		651		

p.2. — SAINT-GEORGES-D'AURAT — PLAISANCE.

St-Ges.-d'Aurat — Lyon	»	197	Itinér. **p.1.**
Lyon — Plaisance	»	586	Itinér. **f.2.**
		783	

q.2. — FIGEAC—PLAISANCE.

Figeac — Arvant	171		p. 125
Arvant — St-Ges.-d'Aurat	34	205	p. 248
St-Ges.-d'Aurat — Plaisance	»	783	Itinér. p. 2
		988	

r.2. — BRIVES—PLAISANCE.

Brives — Figeac	»	90	p. 123
Figeac — Plaisance	»	988	Itinér. q.2.
		1078	

s.2. — BORDEAUX—PLAISANCE.

Bordeaux — Périgueux	127		p. 121
Périgueux — St-Sulpice-Lre.	123		p. 120 et 124
St-Sulpice-Lre. — Montluçon	123		p. 120
Montluçon — Moulins	81	454	p. 118
Moulins — Macon	145		p. 223 et 285
Macon — Culoz	118		Itinér. i. 1.
Culoz — Annemasse	72	335	Itinér. i. 2.
Annemasse — Plaisance	»	412	Itinér. f. 2.
		1201	

t.2. — BERNE—GÊNES.

Berne			
Lausanne	98		p. 504
St-Maurice	53		p. 502
Novara	221	372	Itinér. **a. 2.**
Gênes	»	141	p. 537
		513	

u.2. — BERNE—PLAISANCE.

Berne			
Lausanne	»	98	p. 504
Novara	274		Itinér. **t. 2.**
Plaisance	107	381	» **c. 2.**
		479	

v.2. — OLTEN—GÊNES.

Olten				Par Soleure, Payerne et Moudon, il y aurait, sur le parcours Olten-Lausanne, un raccourci de 2 k.
Berne	»	67	p. 512	
Gênes	»	513	Itinér. **t.2.**	
		580		

x.2. — HERZOGENBUCHSEE — GÊNES.

Herzogenbuch.-			
Berne	»	40	p. 504.
Gênes	»	513	Itinér. **t. 2.**
		553	

y.2. — BELFORT—GÊNES.

Belfort —				
Besançon —	»	96	p. 226.	
Gênes —	»	589	Itinér. aa.2.	Voir ci-après cet itinéraire.
		685		

z.2. — BELFORT—PLAISANCE.

Belfort —				
Besançon —	»	96	p. 226	
Plaisance —	»	555	Itinér. ab.2.	Voir ci-après cet itinéraire.
		651		

aa.2. — BESANÇON—GÊNES.

Besançon —			
Mouchard —	»	41	p. 228.
Gênes —	»	548	Itinér. g.2.
		589	

ab.2. — BESANÇON—PLAISANCE.

Besançon —			
Mouchard —	»	41	p. 228.
Novara —	»	407	Itinér. m.2.
Plaisance —	»	107	» n.2.
		555	

ac.2. — VESOUL—PLAISANCE.

Vesoul			
Besançon	»	64	p. 229
Plaisance	»	555	Itinér. ab. 2.
		619	

ad.2. — LURE—PLAISANCE.

Lure			
Vesoul	»	30	p. 432.
Plaisance	»	619	Itinér. ac.2.
		649	

ae.2. — NEUFCHATEAU—PLAISANCE.

Neufchâteau			
Chaumont	»	63	p. 436.
Chalindrey	46		p. 432.
Gray	45		p. 438.
Auxonne	37		p. 224.
Mouchard	47		Idem.
Plaisance	814	689	Itinér. ab.2.
		752	

af.2. — PAGNY-SUR-MEUSE—PLAISANCE.

Pagny-s.-Meuse			
Neufchâteau	»	47	p. 423
Plaisance	»	752	Itinér. ae.2.
		799	

ag.2. — VERDUN—PLAISANCE.

Verdun	55		p. 419
Lérouville	19	74	p. 412
Pagny-s.-Meuse	»	799	Itinér. **af.2.**
Plaisance			
		873	

ah.2. — MÉZIÈRES—PLAISANCE.

Mézières	»	88	p. 414
Reims	40		p. 419
Saint-Hilaire	17		id.
Chal.-s.-Marne	45		p. 412
Blesmes	90		p. 421
Chaumont	689	881	Itinér. **ae.2.**
Plaisance			
		969	

ai.2. — HIRSON—PLAISANCE.

Hirson	»	57	p. 304
Laon	52		p. 338
Reims	881	933	Itinér. **ah.2.**
Plaisance			
		990	

aj.2. — BRUXELLES—PLAISANCE.

Bruxelles	95		p. 332
Aulnoye	8		p. 304
Anor	33	136	p. 332
Hirson	»	990	Itinér. ai.2.
Plaisance			
		1126	

ak.2. — LILLE — PLAISANCE.

Lille	39		p. 327
Somain	49		p. 336
Busigny	50	138	p. 332
Tergnier	80		p. 338
Reims	881	961	Itinér. ah.2.
Plaisance			
		1099	

al.2. — DUNKERQUE — PLAISANCE.

Dunkerque	40		p. 320
Hazebrouck	45	85	p. 330
Lille	»	1099	Itinér. ak.2.
Plaisanc			
		1184	

am.2. — FURNES — PLAISANCE.

Furnes	»	25	p. 345
Dunkerque	»	1184	Itinér. al.2.
Plaisance			
		1209	

ap.2. — CALAIS—PLAISANCE.

Calais — Amiens	»	166	p. 318
Amiens — Tergnier	30		p. 337
Tergnier — Reims	80		p. 338
Reims — Chaumont	192		Itinér. ah.2.
Chaumont — Chalindrey	46	398	p. 432
Chalindrey — Plaisance	»	643	Itinér. ae.2.
		1207	

aq.2. — BOULOGNE — PLAISANCE.

Boulogne — Amiens	»	123	p. 318
Amiens — Chalindrey	»	398	Itinér. ap.2.
Chalindrey — Plaisance	»	643	» ae. 2.
		1164	

ITINÉRAIRES viâ GOTHARD

g.3. — MOUCHARD—GÊNES (Par les Verrières) (1).

Station	km	Total	Référence
Mouchard			
	61		p. 224
Pontarlier			
	53		p. 501
Neuchâtel			
	32		id.
Bienne			
par Berne.	129	275	p. 506
Lucerne			
	155	»	Profils officiels du Gothard.
Biasca			
	44		idem.
Front. d'Italie			
	51	250	Profils officiels en exécution.
Sesto-Calende			
	»	9	p. 543
Arona			
	»	178	p. 537
Gênes			
		712	

Dans cet intervalle, 28 k., — de Biasca à la bifurcation de Cadenazzo, — sont construits et exploités.

Par une ligne nouvelle classée, par la loi italienne du 29 juillet 1879, entre Sesto-Calende et Oleggio, il y aurait, entre Sesto-Calende et Gênes, un raccourci de 10 kilomètres.

h.3. — DIJON — GÊNES.

Station	km	Total	Référence
Dijon			
	68		p. 224
Gray			
	58		p. 439
Vesoul			
	62	188	p. 432
Belfort			
par Mulhouse.	82		p. 73
Bâle			
	94	176	p. 513
Lucerne			
		437	Itinér. g.3.
Gênes			
		801	

Entre Belfort et Lucerne, on obtiendrait, en distances réelles, de minimes raccourcis sur la ligne par Bâle, en construisant, entre Moutiers (ligne Belfort-Bienne) et Wauwil (ligne Olten-Lucerne), ou Wolhausen (ligne Berne Lucerne) des lignes nouvelles : la première de 62 k. de longueur ; la seconde de 79 k., exigeant approximativement l'une et l'autre une dépense de 25 à 30 millions.

Ces lignes ne donneraient : la première qu'un raccourci de 8 k.; la seconde qu'un raccourci de 3 k. Ce n'est pas pour d'aussi insignifiants résultats qu'il y aurait lieu d'établir des lignes à fortes pentes qu'aucune compagnie suisse n'exécutera, et qui, *virtuellement*, seraient beaucoup plus longues que la ligne par Bâle.

(1) Par Besançon et Belfort, la distance réelle est 749 k. au lieu de 712 k., mais d'autre part, par les Verrières, la majoration totale est de 207 k., tandis que, par Belfort, cette majoration n'est que de 154 k. Par suite, en distances *virtuelles*, on a, par les Verrières, 919 k. ; par Belfort, 903 k. seulement.

Nous avons néanmoins laissé subsister cet itinéraire dont les itinéraires suivants sont indépendants, quant à ce point.

l.3. — PARIS—GÊNES (Par Bâle) (1).

Paris			
Belfort	443		p. 432
Bâle	82	525	Itinér. h.3.
Lucerne	94		p. 513
Gênes	437	531	Itinér. g.3.
		1056	

m.3. — PARIS—MILAN (Par Bâle).

Paris			
Bâle	525		Itinér. l.3.
Lucerne	94	619	p. 513
Sesto-Calende	250		Itinér. g. 3.
Milan	58	308	p. 543
		927	

De la vallée du Tessin sur Milan, il a été question d'ouvrir, par Lugano et Chiasso, une ligne d'accès au Gothard, laquelle a été tracée, mais non classée, et présenterait, entre Biasca et Milan, un développement de :
Biasca-Chiasso... 75 k.
Chiasso-Milan ... 52 » 127 k.
Au lieu de:
Biasca-Sesto-Cal.. 95 k.
Sesto-Calende-Milan 58 k. 153 k.
soit une abréviation de 26 k.

Mais cette direction, par le *Monte Cenere*, entraine de fortes rampes s'élevant jusqu'à $26^m/^m$, sur un développement d'ensemble 17 k., rachetant une hauteur totale de 370^m ; ce qui correspond à une majoration bien supérieure à 26 k.

n.3. — PARIS—PLAISANCE (Par Bâle).

Paris			
Milan	»	927	Itinér. m. 3.
Plaisance	»	69	p. 533.
		996	

Pour Plaisance *Via Gothard* l'itinéraire le plus court passe par Milan, et il en sera encore de même lorsque la ligne Vercelli-Broni sera construite. On a en effet de Sesto-Calende à Plaisance :
Par Milan:.. 58+69 = 127 k.

Par Oleggio, Mortara et Broni: 15+41+45+37= 138 k.

(1) Tous les itinéraires *viâ Gothard* passant par Sesto-Calende, les différences que présentent entre eux les trois itinéraires **l.3, m.3, n.3,** doivent se retrouver dans tous itinéraires ayant un point de départ commun et aboutissant respectivement aux trois objectifs: Gênes, Milan, Plaisance.

t.3. — BERNE — GÊNES.

Berne			
Lucerne	»	95	p. 506
Gênes	»	437	Itinér. **h. 3.**
		532	

u.3. — BERNE — PLAISANCE.

Berne			
Lucerne	»	95	p. 506
Milan	308		Itinér. **m. 3.**
Plaisance	69	377	p. 533
		472	

v.3. — OLTEN — GÊNES.

Olten			
Lucerne	»	55	
Gênes	»	437	Itinér. **h.3.**
		492	

x.3. — HERZOGENBUCHSEE — GÊNES.

Herzogenbuchs.			
Olten	»	28	p. 506
Gênes	»	492	Itinér. **v.3.**
		520	

y.3. — BELFORT — GÊNES.

Belfort				Cet itinéraire est une partie intégrante de l'itinéraire l. 3. dont il eût pu se déduire directement.
Bâle	»	82	Itinér. **h.3.**	
Gênes	»	531	Itinér. **l. 3.**	
		613		

z.3. — BELFORT—PLAISANCE.

Belfort			
Bâle	»	82	p. 73
Lucerne	94		p. 513
Plaisance	377	471	Itinér. u.3.
		553	

aa.3. — BESANÇON—GÊNES.

Besançon				Cette direction est plus courte de 54 k. que celle par Mouchard et Neuchâtel.
Belfort	»	96	p. 226	
Gênes	»	643	Itinér. y.3.	
		709		

ab.3. — BESANÇON—PLAISANCE.

Besançon			
Belfort	»	96	p. 226
Plaisance	»	553	Itinér. z.3.
		649	

ac.3. — VESOUL—PLAISANCE.

Vesoul			
Belfort	»	62	p. 432
Plaisance	»	553	Itinér. z.3.
		615	

ad.3. — LURE — PLAISANCE.

Lure — Belfort	»	32	p. 432
Belfort — Plaisance	»	553	Itinér. z.3.
		585	

ae.3. — NEUFCHATEAU — PLAISANCE.

Neufchâteau — Epinal	»	79	p. 436-437	Entre Epinal et Belfort, il est question de rattacher Saint-Maurice-Bussang et Giromagny, à travers le Ballon d'Alsace. Dans la note F ci-après, § 1er, page 97, nous examinons quel parti on pourrait tirer de cette idée et montrons que le résultat serait insignifiant et hors de proportion avec la dépense à faire.
Epinal — Lure	78		p. 426-427	
Lure — Belfort	32	110	p. 432	
Belfort — Plaisance	»	553	Itinér. z.3.	
		742		

af.3. — PAGNY-S.-MEUSE — PLAISANCE.

Pagny-s.-Meuse — Nancy	»	45	p. 412
Nancy — Epinal (par Blainville)	74		p. 426
Epinal — Belfort	110		Itinér. ae.3.
Belfort — Plaisance	553	737	» z.3.
		782	

ag.3. — VERDUN — PLAISANCE.

Verdun — Conflans	»	41	p. 420	
Conflans — Nancy	70		p. 424	Cette direction est plus courte que celle qui rejoindrait Nancy par Lérouville.
Nancy — Plaisance	737	807	Itinér. af.3.	
		848		

ah.3. — MÉZIÈRES — PLAISANCE.

Mézières — Longuyon	»	86	p. 416	
Longuyon — Conflans	»	42	p. 424	
Conflans — Plaisance	»	807	Itinér. ag.3.	
		935		

ai.3. — HIRSON — PLAISANCE.

Hirson — Mézières	»	56	p. 416	Cet itinéraire comporte une majoration de 20 kilom. entre Hirson et Mézières.
Mézières — Plaisance	»	935	Itinér. ah.3.	
		991		

aj.3. — BRUXELLES. — PLAISANCE (Par Metz et Bâle).

Bruxelles — Luxembourg	220		p. 570	De Bruxelles à Luxembourg par Namur, il y a de fortes déclivités s'élevant jusqu'à 18 millimètres et qui entraînent une majoration considérable.
Luxembourg — Metz	67		idem.	
Metz — Sarrebourg	88		p. 678	
Sarrebourg — Saverne	27		p. 702	
Saverne — par Molsheim — Schletstadt	65		p. 703	Par Strasbourg, de Saverne à Bâle, la distance serait de 24 k. plus considérable que par Molsheim.
Schletstadt — Bâle	98	565	p. 611	
Bâle — Plaisance	»	471	Itinér. z.3.	
		1036		

ak.3. — LILLE. — PLAISANCE.

Lille — Valenciennes	48		p. 327
Valenciennes — Aulnoye	34		p. 332
Aulnoye — Hirson	41	123	p. 304
Hirson — Plaisance	»	991	Itinér. ai.3.
		1114	

am. 3. — FURNES. — PLAISANCE (Par Bruxelles).

Furnes — Gand	83		p. 555
Gand — Bruxelles	57	140	p. 569
Bruxelles — Plaisance	»	1036	Itinér. aj.3.
		1176	

an.3. — ANVERS—PLAISANCE.

Anvers — Bruxelles	»	44	p. 580.
Bruxelles — Plaisance	»	1036	Itinér. aj. 3.
		1080	

ao.3. — OSTENDE—PLAISANCE.

Ostende — Bruxelles	»	122	p. 569
Bruxelles — Plaisance	»	1036	Itinér. aj.3.
		1158	

ap.3. — CALAIS—PLAISANCE. (Par Lille, Hirson, Mézières, Longuyon, Conflans, Nancy, Blainville, Epinal et Lure).

Calais				Entre Mézières et Épinal, la direction la plus courte est celle par Longuyon, Conflans, Nancy et Blainville, qui a été adoptée, ainsi que l'indiquent les itinéraires précédents **ae. 3**, **af. 3**, **ag. 3**, **ah. 3**, **ai. 3**, et **ak. 3**.
Lille	»	107	p. 330	
Plaisance		1114	Itinér. **ak.3**	
		1221		

aq.3. — BOULOGNE-PLAISANCE (par Amiens, St-Hilaire, Blesmes, Chaumont, Chalindrey et Belfort).

Boulogne				L'itinéraire qui, de Blesme, rejoindrait par Lérouville le précédent aurait 37 k. de plus que celui-ci. D'autre part, en gagnant Lille par Saint-Omer, le nouvel itinéraire ainsi obtenu aurait 1,224 k. de longueur, soit 26 k. de plus que par la direction adoptée. Celle-ci est donc la plus courte.
Amiens	123		p. 318	
Reims	160	283	p. 337-338	
par Saint-Hilaire. Châlons	57		p. 419	
Blesme	45	102	p. 412	
Chaumont	90		p. 421	
Belfort	181	271	p. 432	
Plaisance	»	553	Itinér. **ad.3**	
		1218		

ITINÉRAIRES viâ MONT-BLANC

a.4. — GENÈVE—GÊNES.

Genève			
	»	10	Itinér. a.2
Annemasse			
	18 (1)		
Laroche			
	24 (2)		
Cluses			
	17 (2)		
Sallanches			
	26 (3)		
Chamounix			
	22 (4)		
Pré-St.-Didier			
	29 (5)		
Aoste			
	67 (6)	203	
Ivrée			
	64 (7)		p. 538
Santhià			
	19		id.
Vercelli			
par Alexandrie	131	214	p. 543, 534
Gênes			
		427	

(1) La voie ferrée Anemasse-Laroche (ligne d'Annecy) existe. La longueur de 18 k. a été établie d'après renseignements du P.-L.-M.

(2) Développement des tracés étudiés.

(3) Hauteur rachetée : 1050m. 540m = 510m. Rampes de 25m/m sur 16k,8 ; rampes de 15 sur 6 k.

(4) Chamounix (1050m), Pré St-Didier (1010m). Dans les 22 k. sont compris 18 k.940 de tunnel, dont 5 k,300 *sous-vallée*.

(5) Hauteur rachetée : 1010m — 600m = 410. Rampes de 15 m/m sur 27k,333.

(6) Longueur donnée par la loi italienne du 29 juillet 1879. Les tracés ne sont pas faits. Le terrain est difficile. Des allongements sont possibles.

(7) Lignes actuelles. Il y a là un raccourci possible de 28 à 29 k, par une ligne nouvelle — non classée ni prévue, — à ouvrir par Cigliano. Cette ligne, de 35 à 36 k. de développement, aurait à tourner un petit contrefort des Alpes.

Tous les itinéraires *Viâ Mont-Blanc* pourraient profiter de ce raccourci, si la ligne nouvelle venait à être exécutée, ce que rien ne fait prévoir.

b.4. — GENÈVE—MILAN.

Genève			
	10		Itinér. a.4.
Annemasse			
	203		Idem.
Ivrée			
	64	277	Idem.
Santhià			
	»	90	p. 538
Milan			
		367	

c.4. — GENÈVE—PLAISANCE (Par Broni)

Genève — Santhià	»	277	Itinér. **b.4.**	De Vercelli à Plaisance, par les lignes actuelles, on a : *Viâ Milan*, 144 k.; *Viâ Alexandrie* 152 k.; au lieu des 109 k. ci-contre; soit respectivement, 35 k. et 43 k. d'allongement sur la direction par Broni, que nous avons adoptée néanmoins parce que cette ligne est classée et en construction. Cette observation s'applique à tous les itinéraires, *Viâ Mont-Blanc*, sur Plaisance.
Santhià — Vercelli	19		p. 538	
Vercelli — Broni	72		Loi italienne du 29 juillet 1879.	
Broni — Plaisance	37	128	p. 530	
		405		

d.4. — LYON — GÊNES.

Lyon — Anemasse	174		Itinér. **d.2.**
Anemasse — Ivrée	203	377	» **a.4.**
Ivrée — Gênes	»	214	Idem.
		591	

e.4. — LYON—MILAN.

Lyon — Ivrée	377		Itinér. **d.4.**
Ivrée — Santhià	64	441	» **a.4.**
Santhià — Milan	»	90	p. 538
		531	

f.4. — LYON—PLAISANCE.

Lyon — Santhià	»	441	Itinér. **e.4.**
Santhià — Plaisance	»	128	» **c.4.**
		569	

h.4. — DIJON—GÊNES.

Dijon	»	163[1]	p. 240 et 230
Bourg	81		p. 230
Culoz	33	114[2]	id.
Bellegarde	39		p. 232
Annemasse	203		Itinér. **a.4.**
Ivrée	214	456	» **d.4.**
Gênes			
		733	

(1) Voir, au sujet du trajet Dijon-Bourg que nous comptons par les grandes lignes, la note (*a*) ci-dessous.

(2) Voir, au sujet du trajet de Bourg à Bellegarde, la note (*b*) ci-dessous.

Note *(a)* — Nous avons déjà dit, itinéraire **h.1**, que la distance de Dijon à Bourg pourrait être abrégée de 20 kilomètres par une ligne actuellement en construction, de Dijon à Saint-Amour. Cette direction nouvelle est loin de jouir du magnifique régime de pentes de la grande ligne Dijon-Mâcon et de la section Mâcon-Bourg. La ligne en construction présente, en effet, entre Dijon et Saint-Amour, sur 1/3 de sa longueur, des pentes et rampes supérieures à 5 millimètres, un grand nombre de 8 millimètres, quelques-unes de 10. De plus, la section de 30 kilomètres de la ligne Lyon-Vesoul, entre Saint-Amour et Bourg, est toute en pentes et rampes, la plupart de 10 millimètres, quelques-unes de 12. Au point de vue virtuel, ce raccourci s'annule donc à très peu près, si même il ne devient moins que rien, surtout pour le service des voyageurs ; et il n'est guère à croire que jamais les express usent de cette direction secondaire. Il est à remarquer d'ailleurs que cette abréviation, si elle était effective, profiterait au Mont-Cenis comme au Mont-Blanc, et qu'il n'y a par suite nulle raison d'en tenir compte dans la comparaison des deux passages.

Note *(b)*. — Entre Bourg et Bellegarde, doit être établie une ligne nouvelle de 65 kilomètres de développement, ouverte et exploitée, sur 37 kilomètres, jusqu'à la Cluse-Nantua. Cette ligne donne, en longueur réelle, un raccourci de 49 kilomètres sur la direction actuelle par Culoz. Mais cette voie ferrée, outre des courbes de 200 à 275 mètres à ses extrémités, contient plus de 9 kilomètres de courbes de rayon inférieur à 350 mètres. De plus, les fortes rampes y sont extrêmement multipliées.

On y rencontre des rampes et pentes de	15	sur	3.400	mètres
— — —	18	»	1.000	—
— — —	20	»	5.400	—
— — —	25	»	14.000	—
— — —	28	»	9.600	—
Ensemble. .			33.400	

D'après les bases que nous avons adoptées pour calculer les majorations dues aux fortes rampes à partir de 15 millimètres, en montagnes ordinaires, le profil ci-dessus conduit aux majorations suivantes :

3.400 × 0.675	=	2.300	mètres
1.000 × 1. »	=	1.000	—
5.400 × 1.1	=	5.940	—
14.000 × 1.5	=	21.000	—
9.600 × 1.95	=	18.720	—
Ensemble		48.960	

De telle sorte que, lorsqu'on passe aux distances virtuelles, le raccourci sur lequel on croirait pouvoir compter, disparaît complètement.

i.4. — SAINCAIZE-GÊNES.

Saincaize — Culoz	312		Itinér. j.1.
Culoz — Bellegarde	33	345	p. 230
Bellegarde — Gênes	»	456	Itinér. h.4.
		801	

j.4. — SAINCAIZE—MILAN.

Saincaize — Bellegarde	345		Itinér. i.4.
Bellegarde — Annemasse	39	384	» d.2.
Annemasse — Ivrée	»	203	» a.4.
Ivrée — Santhià	64		Idem.
Santhià — Milan	90	154	p. 538
		741	

k.4. — SAINCAIZE—PLAISANCE.

Saincaize — Annemasse	384		Itinér. j.4.
Annemasse — Ivrée	203	587	» a.4.
Ivrée — Santhià	64		idem
Santhià — Plaisance	128	192	Itinér. c.4.
		779	

l.4. — PARIS—GÊNES.

Paris — Dijon	»	315	p. 210-211
Dijon — Gênes	»	733	Itinér. h.4.
		1048	

m.4. — PARIS—MILAN.

Paris				
Dijon	»	315	p. 210-211	
Bourg	»	163	p. 211 et 230	
Bellegarde	114		Itinér. **h.4.**	
Annemasse	39	153	Itinér. **d.2.**	
Milan	»	357	Itinér. **b.4.**	
		988		

Entre Paris et Bourg, quelques personnes signalent comme possible, en faveur du Mont-Blanc, un nouveau système de raccourcis, lequel ne permettrait plus d'utiliser celui de Dijon à Bourg par Saint-Amour, dont nous avons parlé dans la note (*a*) annexée à l'itinéraire **h.4.**

Voir, au sujet de cet autre système de raccourcis, la note (*c*) ci-dessous.

Note (*c*). — Dans les notes (*a*) et (*b*), rattachées à l'itinéraire **h. 4**, nous nous sommes expliqué sur des raccourcis : entre Dijon et Bourg, d'une part ; Bourg et Bellegarde, de l'autre, dont on nous parait à tort faire état à l'avantage du Mont-Blanc.

L'objet de la présente note est de s'expliquer sur un autre système de raccourcis intéressant le trajet de Paris à Bourg, système d'après lequel on quitterait la grande ligne par la Bourgogne à Laroche, pour la rejoindre à Chagny, et l'abandonner de nouveau entre Chalon-sur-Saône et Bourg.

Entre Laroche et Chagny, on suivrait jusqu'à Maison-Dieu, sur 83 k.; par Auxerre et Avallon, les lignes de Laroche à Nevers et de Cravant aux Laumes; puis on viendrait prendre, à Dracy-Saint-Loup, pour les suivre jusqu'à Chagny, sur 42 k., les lignes transversales d'Etang à Santenay puis de Santenay à Chagny, en empruntant, entre Maison-Dieu et Dracy-Saint-Loup, une ligne actuellement en construction par le P.-L.-M.

Quant à l'intervalle entre Chalon-sur-Saône et Bourg, on le franchirait en empruntant, sur 78 k., une partie de la ligne secondaire des Dombes, de Lyon à Chalon, par Saint-Germain-du-Plain.

On aurait ainsi pour le trajet Laroche-Mâcon :

De Laroche à Maison-Dieu.	83 k.
De Maison-Dieu à Dracy-Saint-Loup	71
De Dracy-Saint-Loup à Chagny	42
De Chagny à Chalon (grande ligne)	16
De Chalon à Bourg	78
Ensemble.	290
Tandis qu'on a par la grande ligne.	323
Raccourci.	33 k.

Ce raccourci est absolument illusoire.

Pour la première section, entre Cravant et Maison-Dieu, sur 46 k., on s'élève, par un profil accidenté, dont les pentes et rampes varient entre 10 et 15, de l'ordonnée 118^{m} à l'ordonnée 270^{m}, pour redescendre et remonter encore à Maison-Dieu à la même ordonnée, ce qui donne une somme de hauteurs franchies s'élevant à 200 mètres au minimum.

De même, entre Dracy-Saint-Loup et Chagny, on s'élève, par un régime de pentes et rampes atteignant 16 millimètres sur d'assez grandes longueurs, de l'ordonnée 305^{m} à l'ordonnée 410^{m}, pour redescendre à l'ordonnée 216^{m}. Hauteur totale franchie : 300^{m} au minimum.

Quant au tracé entre Maison-Dieu et Dracy-Saint-Loup, nous ne pouvons juger de ses pentes et rampes que par un profil à petite échelle, joint aux études préparatoires de M. de Lépinay sur le tunnel du Mont-Blanc; mais nous savons que cette ligne traverse le Morvan, et le profil en question nous indique : que ce tracé comprend de longues rampes de 15 millimètres ; qu'il s'élève jusqu'à l'altitude 540, et que la somme des hauteurs rachetées dépasse notablement 500^{m}.

Cette somme de hauteurs rachetées par fortes rampes s'élève donc, au minimum, à 1,000 mètres. Elle produit à elle seule, même pour des rampes inférieures à 15 millimètres, une majoration bien supérieure au raccourci de 33 kilotres trouvé ci-dessus.

n.4. — PARIS—PLAISANCE.

Paris — Dijon	»	315	p. 210 211
Dijon — Annemasse	316		Itinér. **m.4**
Annemasse — Ivrée	203		» **a.4.**
Ivrée — Santhià	64	583	id.
Santhià — Plaisance	»	128	Itinér. **c.4.**
		1026	

ap.4. — CALAIS—PLAISANCE (par Paris)

Voyageurs.

Calais — Paris	»	297	p. 318
Paris — Plaisance	»	1026	Itinér. **n.4**
		1323	

Voir l'observation jointe à l'itinéraire **ap.1.** qui s'applique entièrement à celui-ci.

Marchandises.

Calais — St-Denis	»	290	p. 318
St-Denis — Vill.-St-Georges	»	40	Itinér. **ap.1**
Vill.-St-Georges — Plaisance	»	1011	1026 - 15
		1341	

aq.4. — BOULOGNE-PLAISANCE.

Voyageurs	»	1280
Marchandises	»	1298

Ces itinéraires sont déduits des précédents en retranchant 43 k, distance de Boulogne à Calais.

Il n'y aurait donc aucun avantage à s'écarter de la grande ligne, même en supposant que la seconde section, située entre Chalon et Bourg, fût aussi facile que cette grande ligne; mais il n'en est pas ainsi.

Entre Saint-Trivier et Saint-Germain-du-Plain, notamment sur 30 kilomètres, le profil est accidenté, les pentes sont raides et la somme de hauteurs franchies dépasse 400m, ce qui ajoute encore une majoration de plus de 15 kilomètres à celle correspondant au parcours entre Laroche et Chagny.

Il n'y a donc aucune raison pour faire intervenir ces raccourcis dans la question des grandes voies des Alpes.

ITINÉRAIRES suivant le LITTORAL
ou procédant de MARSEILLE sans franchir les Alpes

—

p.5.—SAINT-GEORGES-D'AURAT—PLAISANCE.

Stations	km	Total	Renvoi
St-Ges.-d'Aurat			
	»	211	p. 248
Nîmes			
	27		p. 236
Tarascon			
	100		p. 214
Marseille			
	260		p. 238
Vintimille			
	108	495	p. 536
Savone			
	105		p. 533
Alexandrie			
	97	202	p. 530
Plaisance			
		908	

Les itinéraires par le littoral arrivent tous à Savone où ils se bifurquent. On compte de Savone :
à Gênes.... 44 k. p. 536
à Milan.... 198 k.p. 533 et 537
à Plaisance. 202 k.p. 533 et 530
On peut, au moyen de ce tableau, calculer la distance à l'un des trois objectifs quand on connait la distance à l'un des deux autres.

q.5. — FIGEAC — PLAISANCE.

Stations	km	Total	Renvoi
Figeac			
	72		p. 122 et 127
Rodez			
	160		p. 153
Faugères			
	70		p. 154
Montpellier			
	50	352	p. 236
Nîmes			
	»	697	Itinér. p.5.
Plaisance			
		1049	

r.5. — BRIVES — PLAISANCE.

Stations	km	Total	Renvoi
Brives			
	»	90	p. 122
Figeac			
	»	1049	Itinér. q.5.
Plaisance			
		1139	

s.5. — BORDEAUX — PLAISANCE.

Bordeaux			
Cette	»	476	p. 148
Nimes	»	78	p. 236
Plaisance	»	697	Itinér. p.5.
		1251	

ar.5. — MARSEILLE—MONTMÉLIAN.

Marseille				
Valence	246		p. 214	
Grenoble	99	345	p. 232	
Montmélian	»	49	id.	
		394		

La direction par Valence est plus longue de 47 kilomètres que celle par Sisteron; mais, par cette dernière, il y a plus de 2000 mètres de hauteur franchie par des rampes allant jusqu'à 25 m/m, ce qui allonge virtuellement le tracé de bien plus de 47 kilomètres.

at.5. — MARSEILLE—CULOZ.

Marseille			
Montmélian	»	394	Itinér. ar.5.
Culoz	»	50	p. 230
		444	

av.5. — MARSEILLE—GENÈVE.

Marseille			
Culoz	»	444	Itinér. at.5.
Genève	»	66	p. 230
		510	

ax.5. — MARSEILLE—MOUCHARD.

Marseille			
Lyon	»	352	p. 214
Mouchard	»	196	p. 228
		54	

ay.5. — MARSEILLE—BELFORT.

Marseille			
Mouchard	»	548	Itinér. ax. 5.
Besançon	41		p. 228
Belfort	96	137	p. 226
		685	

az.5. — MARSEILLE—MULHOUSE.

Marseille			
Belfort	»	685	Itinér. ay.5.
Mulhouse	»	49	p. 73, 612, 679
		734	

Note B

Détermination des longueurs VIRTUELLES.

En 1874, dans un écrit relatif au percement du Simplon, nous avons employé, pour l'appréciation des majorations de longueur dues aux fortes rampes et aux courbes à court rayon que comportent les tracés de montagne, une formule basée principalement sur la *réduction de vitesse* ou sur *l'augmentation du temps de parcours* que les deux circonstances signalées déterminent.

Ce n'est que subsidiairement que nous avons mis en rapport les résultats obtenus avec l'augmentation produite par ces mêmes circonstances dans les frais d'exploitation. Mais nous avons trouvé, pour les deux cas, entre les éléments de majoration obtenus, une correspondance assez exacte pour considérer nos résultats comme pouvant s'appliquer à la fois, dans les limites d'approximation que la pratique comporte, à l'augmentation des *durées de parcours* et des *frais d'exploitation*.

Nous reproduisons ci-dessous, — avec une légère modification de forme, en classant les éléments numériques sous des titres qui en font mieux saisir le sens, — le tableau déduit de la formule dont il s'agit.

DÉCLIVITÉS en MILLIMÈTRES	Nombre de mètres de parcours correspondant à 1 mètre de hauteur franchie		Allongement de parcours correspondant à la hauteur franchie sur un kilomètre		Longueur virtuelle du kilomètre à forte pente	
	en grande chaine	en montagne ordinaire	en grande chaine	en montagne ordinaire	en grande chaine	en montagne ordinaire
	m.	m.	m.	m.	k.	k.
15	65	45	975	675	1 975	1 675
20	74	53	1 480	1 000	2 480	2 060
25	82	60	2 050	1 500	3 050	2 500
30	88	65	2 640	1 950	3 640	2 950
40	95	70	3 800	2 800	4 800	3 800

Les chiffres du tableau qui précède résultent de considérations essentiellement pratiques. Aux deux points de vue du temps de parcours et de la dépense, les unités de mesure dont ils partent sont : pour la *vitesse*, celle que réalisent, en service courant, les trains de voyageurs sur les lignes de plaine ; pour les *frais d'exploitation*, la dépense kilométrique moyenne d'un train de marchandises, sur des lignes placées dans les mêmes conditions.

C'est toujours d'ailleurs la notion de vitesse qui est restée notre principal argument, et c'est ce qui nous a conduit à appliquer à la somme des hauteurs franchies dans les deux sens du mouvement les majorations inscrites au tableau.

L'observation montre, en effet, que, sur les lignes à fortes pentes, les trains ne vont pas, à la descente, plus vite qu'à la montée. Mais le parti adopté se justifie également pour les frais d'exploitation. Sur les lignes à faibles pentes, un profil ondulé n'entraîne pas de frais sensiblement différents de l'horizontale ; —on regagne sur les pentes, où les trains profitent du concours de la gravité, l'excédant de travail occasionné par les rampes, et cette observation s'applique jusqu'à la déclivité de 10 millimètres. Au delà, il n'en est plus de même. Sur les pentes plus fortes, il faut résister à l'action, trop énergique alors, de la gravité, et de là des dépenses additionnelles dont quelques-unes sont même, pour la descente, plus élevées que pour la montée.

Nous ajouterons que nous avons pensé et croyons toujours qu'il est rationnel de considérer deux degrés de majoration, suivant qu'il s'agit de tracés à fortes rampes situés à de faibles hauteurs, ou de tracés atteignant, au contraire, des altitudes considérables.

S'il est, effectivement, en dehors des frais de traction proprement dits, certains éléments de la dépense d'exploitation qui varient moins rapidement que ces frais avec l'intensité des rampes, on reconnaît facilement, au contraire, que plusieurs facteurs additionnels du prix de revient : entretien et gardiennage de la voie, service des stations et des barrières, etc., croissent énormément lorsqu'on se transporte de régions voisines de la plaine à des régions élevées, soumises à un climat rigoureux et difficilement habitables.

Quoi qu'il en soit, nous ne disposions en 1874, comme moyens de comparaison et de vérification des chiffres proposés par nous, que d'un nombre de données extrêmement restreint.

Un mémoire récent sur la question des *longueurs virtuelles*, publié aux *Annales des Ponts et Chaussées* (1), est venu nous fournir les données qui nous manquaient.

L'auteur, qui produit lui-même une formule de majoration basée sur les variations du travail mécanique dû aux rampes, qui n'est que l'un des nombreux éléments influant sur les frais d'exploitation, a résumé, dans une partie très intéressante de ce mémoire, les formules proposées, jusqu'à ce jour, par divers auteurs pour calculer les longueurs virtuelles, tant par rapport aux dépenses de l'exploitation qu'aux dépenses du transport proprement dit.

Ces deux arguments sont loin d'être identiques, mais il ne résulte pas d'une façon bien nette du travail de M. Baum qu'ils aient toujours été bien distingués par les auteurs des formules. Aussi réunissons-nous ci-dessous, dans un même cadre, les longueurs virtuelles correspondant aux diverses rampes telles qu'elles sont données par M. Baum dans deux tableaux distincts. En outre, pour rendre ces résultats comparables, nous les avons ramenés à une même unité, et enfin, pour nous rapprocher du point de vue auquel nous sommes placé, nous avons adopté pour unité le chiffre correspondant à la rampe continue de 5 millimètres.

RAMPES en MILLIMÈTRES.	SYSTÈME DES DÉPENSES DE TRANSPORT					SYSTÈME DES FRAIS D'EXPLOITATION					OBSERVATIONS
	M. RUVA, Ingénieur italien	Inspection technique des chemins de fer suisses (1873)	M. KOLLER, Inspecteur du chemin de fer du Gothard	Département fédéral Suisse des chemins de fer	Moyennes des quatre précédentes colonnes	Colonel LA NICA, Ingénieur italien (1864)	Inspection technique des chemins de fer suisses (1873)	MENCHE DE LOISNE Ingénieur en chef des Ponts et Chaussées (1879)	Compagnie P.-L.-M. M. Noblemaire	Moyennes des quatre dernières colonnes	
5	1	1	1	1	1	1	1	1	1	1	Les chiffres soulignés ne sont pas empruntés aux formules elles-mêmes, mais obtenus en les prolongeant.
10	1.45	1.61	1.53	1.53	1.53	1.38	1.25	1.17	1.17	1.24	
15	1.91	2.22	2.10	2.09	2.08	1.73	1.50	1.45	1.33	1.50	
20	2.37	2.90	2.70	2.68	2.66	2.31	1.75	2.31	1.51	1.97	
25	2.82	3.62	3.35	3.34	3.28	2.80	2.03	2.76	1.67	2.34	
30	3.28	4.36	4.09	4.12	3.93	3.46	2.31	3.21	1.84	2.71	
40	[illegible]	6.09	5.80	5.88	5.40	4.61	3.00	4.11	2.18	3.48	

(1) Des *longueurs virtuelles* d'un tracé de chemins de fer, par M. Charles Baum, ingénieur des ponts et chaussées (*Annales*, nº de juin 1880).

Si l'on compare les moyennes respectives des deux groupes de données, pour les rampes de 15 à 40, avec les chiffres que nous avions adoptés en 1874, on voit que celles ayant pour argument les dépenses de transport dépassent nos résultats, et que, si celles basées sur les frais d'exploitation sont inférieures même à nos chiffres relatifs aux tracés à faible altitude, elles n'en diffèrent qu'extrêmement peu, et s'en rapprochent de plus en plus à mesure que la déclivité augmente.

Cette concordance est assez parfaite pour nous confirmer dans l'idée que nos chiffres étaient bien établis. L'écart eût-il été plus fort que nous nous le serions parfaitement expliqué. En prenant pour unité, comme nous l'avons fait dans le tableau qui précède, la rampe continue de 5 millimètres, nous sommes parti d'un point de départ notoirement trop élevé pour la moyenne des lignes de plaine. Si ces lignes comprennent, en effet, des rampes d'une déclivité supérieure à $5^m/_m$, elles contiennent, en revanche, de longues étendues en palier, des rampes beaucoup moindres, et enfin des parties en pente.

Le terme de comparaison adopté a donc une valeur trop forte, et en le réduisant à sa juste valeur les autres termes augmenteraient d'autant et dépasseraient nos propres résultats.

Nous avons d'ailleurs exprimé plus haut combien il est rationnel aux grandes altitudes de forcer la valeur des majorations.

De tout quoi nous concluons que nous sommes autorisé à maintenir, comme pratiquement exactes, nos bases de calcul de 1874.

C'est d'après ces bases, en conséquence, que nous avons calculé les longueurs virtuelles qui figurent dans la note C ci-après, et dans le tableau récapitulatif des itinéraires, note D.

Au dernier moment nous trouvons dans un travail d'un ingénieur italien, M. Ruggiero Garola, ayant pour objet de préconiser la percée du Mont-Blanc, un barême de majorations pour fortes rampes correspondant d'assez près avec le nôtre pour qu'il nous paraisse intéressant de le reproduire.

En prenant pour unité la dépense de traction sur une ligne

à déclivités inférieures à 5 millimètres, cette dépense croîtra, selon M. Garola, pour les déclivités supérieures, de manière à devenir :

1,20	de	5 m/m	à	10 m/m
1,45	»	10	»	15
2,31	»	15	»	20
2,48	»	20	»	25
3,20	»	25	»	30

Le barême n'est peut-être ni très rationnel dans sa forme ni très bien échelonné, mais les valeurs se rapprochent en moyenne beaucoup des nôtres.

Note C

Détermination des MAJORATIONS pour FORTES RAMPES qu'il y a lieu de considérer à propos des GRANDS PASSAGES DES ALPES.

§ 1er. — MAJORATIONS SE RATTACHANT DIRECTEMENT AUX PASSAGES EUX-MÊMES.

A. — Mont-Cenis.

Les hauteurs totales rachetées au Mont-Cenis, entre La Chambre et Bussolino, points où commencent, au nord, et se terminent, au sud, les rampes supérieures à 12 millimètres sont :

Côté nord: 1,203 m. (tête Modane)— 447m. (La Chambre)=	756m.
Côté sud : 1,335 m. (tête Bardonnèche) — 441 m. (Bussolino) . . . . =	894
Ensemble.	1,650 m.
Dont est rachetée par *faibles rampes* une fraction de.	40 m.
Ce qui laisse à racheter par *fortes rampes*	1,610 m.

Les fortes rampes des lignes d'accès, convenablement groupées, donnent lieu au tableau suivant, dans lequel on a fait usage, pour le calcul, des chiffres de majoration se rapportant aux grandes chaînes :

Rampes en millimètres.	Hauteur totale rachetée.	Coefficients de majoration.	Allongements dûs aux fortes rampes
15	50 m.	65	3 k. 250m
16	60	67	4 020
18	80	70	5 600
23	160	79	12 640
26	266	83,5	22 211
27	150	85	12 750
30	844	88	74 272
	1,610		134 k. 743

Soit un allongement de 135 kilomètres.

En 1874, appuyé sur un profil approximatif, nous avions porté à 141 kilomètres la majoration due aux hauteurs rachetées par fortes rampes au Mont-Cenis. Notre calcul rectifié ne nous conduit pas à un chiffre sensiblement différent.

B. — Simplon.

La hauteur totale, rachetée au Simplon, par fortes rampes, d'après le projet Lommel, ne porte que sur le versant sud. Elle est de :

687 m. (tête sud) — 273 m. (station de Domo)=	414 m.
Dont une fraction rachetée par *faibles rampes* de. .	4
Ce qui laisse à racheter par *fortes rampes*	410 m.
Cette forte rampe est régulièrement de 23 m/m,7 d'où suit, pour majoration : 410m × 58,7 . . . . =	24k067

Soit un allongement de 24 kilomètres.

Sans rien changer au reste du tracé Lommel, moyennant une déviation angulaire minime dans la direction du tunnel, lequel serait allongé de 500m, la tête sud de celui-ci pourrait être abaissée à l'altitude 627m au lieu de 687m, en même temps que le parcours à ciel ouvert serait diminué de 1,500m.

La hauteur à ciel ouvert à racheter par fortes rampes ne serait plus que de 350m. La déclivité de cette rampe pourrait s'abaisser à 22 m/m, et la majoration à ciel ouvert ne serait plus que de 19k 950m.

Mais, d'autre part, il resterait à racheter, dans le tunnel lui-même, de la tête sud jusque vers le milieu, une hauteur de 100 et quelques mètres, ce qui exigerait une rampe de 11m/m, entraînant une certaine majoration.

La majoration totale ne varierait donc pas sensiblement par l'effet de la modification indiquée. Le seul avantage de celle-ci, serait de réduire un peu l'intensité de la forte rampe à ciel ouvert sans entraîner, selon toute probabilité, d'augmentation de dépense. L'économie à réaliser sur le tracé à ciel ouvert, réduit de longueur et rendu plus facile, — parce qu'il se tiendrait plus bas sur le flanc de la gorge de la Diveria, — compenserait, au delà peut-être, le coût des 500 mètres de tunnel à forer en plus.

C. — Gothard.

Les hauteurs totales rachetées au Gothard, entre Erstfeld et Biasca où se terminent les faibles rampes, sont :

Côté nord : 1,109 m. (tête Gœschenen) — 475 m. (Erstfeld) = 634 m.
Côté sud : 1,145 m. (tête Airolo) — 296 m. (Biasca) = 849 m.

1.483 m.

D'où à déduire, comme rachetés par *faibles rampes*... 67 m.
Reste à racheter par *fortes rampes* .... 1.416 m.

Convenablement groupées, ces fortes rampes donnent lieu au tableau suivant :

Rampes en millimètres.	Hauteur totale rachetée.	Coefficients de majoration.	Allongements dus aux fortes rampes.
16	40m.	67	2 k. 680
18	25	70	1 k. 750
22	80	77	6 k. 160
23	225	79	17 k. 775
24	10	80,5	0 k. 805
25	370	82	30 k. 340
26	586	83,5	48 k. 931
27	80	85	6 k. 800
	1.416		115 k. 241

Soit un allongement de 115 kilomètres.

En 1874, nous portions la majoration du Gothard à 152 kilomètres, dont 120 pour le passage principal et 32 pour la majoration accessoire due au Monte-Cenere. Cette dernière n'intervient plus, et le profil définitif nous a conduit à réduire légèrement la majoration du passage principal.

D. — Mont-Blanc.

Bellegarde et Ivrée sont, pour le Mont-Blanc, des points de passage obligés (1), et plusieurs parties des lignes ouvertes ou à ouvrir dans cet intervalle comportent de fortes rampes, indépendantes des voies d'accès aboutissant directement aux têtes du tunnel.

(1) Il faut faire exception pour les lignes partant de Genève, auxquelles se rapporte la majoration D' ci-après.

Sallanches au nord, Aoste au sud, peuvent être considérés comme marquant le pied des voies d'accès. Mais, au nord, entre Bellegarde (altitude 372) et Annemasse (altitude 433), entre Annemasse et Laroche (altitude 580), entre Laroche et Cluses (altitude 480), on trouve, avec un profil à contre-pentes multipliées, des rampes dépassant 15 millimètres.

Il est difficile d'admettre également que cette dernière déclivité ne soit pas, sinon dépassée, du moins atteinte, entre Ivrée (altitude 239), et Aoste (altitude 600). Dans cet intervalle, en effet, la vallée de la Dora subit deux étranglements fortement accentués, s'étendant sur près de 15 kilomètres.

Les hauteurs rachetées par fortes rampes, en dehors des voies d'accès proprement dites, sont les suivantes :

Au nord, entre Bellegarde et Annemasse (profils du P-L-M)	255m
» entre Annemasse et Laroche (idem)	170
» entre Laroche et Cluses (renseig. spéciaux)	90
	515
A quoi il faut ajouter, en versant sud, entre Ivrée et Aoste, sur 361 m. de hauteur totale à franchir, une fraction à racheter par fortes rampes correspondant aux deux étranglements ci-dessus visés et qu'on ne peut évaluer à moins de	200
Ensemble	715

En supposant les 200 derniers mètres dont nous venons de parler rachetés par rampes de 15 millimètres, et appliquant les coefficients de majoration correspondants aux tracés à *faible altitude*, on est conduit, pour cette première partie de l'allongement virtuel du tracé du Mont-Blanc, au tableau récapitulatif suivant :

Rampes en millimètres.	Hauteur totale rachetée.	Coefficients de majoration.	Allongements dus aux fortes rampes.
15	385 m.	45	17 k. 325
16	70	47	3 k. 290
17	45	49	2 k. 205
18	85	51	4 k. 335
20	130	55	7 k. 150
	715		34 k. 305 (1)

(1) La partie de cette majoration correspondant à la section Bellegarde-Annemasse est de 12 kilomètres.

Quant aux voies d'accès proprement dites, en admettant que les têtes du tunnel soient : au nord, à l'altitude de Chamounix, qui est de 1,030 m. ; au sud, un peu en amont de Saint-Didier, à l'altitude de 1030 m., — ceci sous toutes réserves des difficultés d'exécution que présenterait, dans cette hypothèse, l'ouverture des 5 kilomètres de tunnel placés, latéralement, en contre-bas du thalveg de la Dora, — on aurait à franchir les hauteurs suivantes, à partir de Sallanches jusqu'à Aoste.

Au nord : 1,030 m. (tête Chamounix) — 540 m. (Sallanches) =	510 m.
Au sud : 1,030 m. (tête St-Didier) — 600 m. (Aoste) =	430
Ensemble	940

Au nord, un tracé rationnel, développé : en rampes de 25 millimètres jusqu'aux Ouches, (altitude 960) ; puis en rampes de 15 millimètres jusqu'au tunnel, présenterait un développement total de 28 k. environ, dont une fraction de 16 k. 800, en rampes de 25 millimètres, rachetant une hauteur de 420 m. et une autre fraction de 6 kilom. en rampe de 15 millimètres, rachetant une hauteur de 90 m., le tout sans aucune contre-penté, ce qui est l'hypothèse la plus favorable.

Au sud, le développement serait de 30 k. dont une fraction de 28 k. 667 en rampes de 15 millimètres, rachetant une hauteur de 430 mètres.

On aurait donc finalement, pour majoration relative aux voies d'accès :

Rampes en millimètres.	Hauteur totale rachetée.	Coefficients de majoration.	Allongements dus aux fortes rampes.
—	—	—	—
15	520	65	33 k. 800
25	420	88	36 k. 960
	940		70 k. 760

Et, en ajoutant la majoration déjà calculée :	34 k. 305
On obtient pour majoration totale :	105 k. 065

Soit un allongement de 105 kilomètres

Il y a, dans ce calcul, quelques éléments conjecturaux, mais nous avons eu soin de nous tenir dans nos hypothèses plutôt au-dessous qu'au-dessus de ce que donnera la réalité, ainsi que nous l'indiquons, avec plus de détails, dans la note G, ci-après.

Ajoutons qu'entre Bellegarde et Laroche il existe un rebroussement à Annemasse.

D'. — Mont-Blanc, itinéraires procédant de Genève.

Il est à remarquer que les itinéraires procédant de Genève ne sont pas affectés des 12 kilomètres de majoration correspondant à la section Bellegarde-Annemasse. Il est vrai, d'autre part, qu'il y aurait lieu de tenir compte, pour ces itinéraires, d'une certaine majoration entre Annemasse et Genève. Mais le tracé pouvant suivre à la rigueur la vallée de l'Arve, nous admettons que cette dernière majoration puisse être regardée comme nulle.

Donc, à partir de Genève, nous réduirons la majoration du Mont-Blanc à 93 kilomètres, en la désignant par D'.

§ 2. — MAJORATIONS ACCESSOIRES

E. — Fortes rampes des Jovi, ligne de Gênes par Alexandrie.

Les itinéraires dont Gênes est un terminus et qui passent par Alexandrie, — ce qui est le cas pour tous, ceux par le littoral exceptés, — doivent être affectés d'une majoration correspondante à 314^m franchis par rampes de 26 $^m/_m$ en moyenne, ce qui donne :

$$314 \text{ mètres} \times 61 = 19 \text{ kilomètres } 154 \text{ mètres},$$

Soit un allongement de 19 kilomètres.

E'. — Ligne de Turin a Alexandrie.

Cette ligne comporte, entre les stations de Villanova et de Villafranca, un raidillon rachetant une différence de niveau de 100m., sur un développement de moins de 10 kilomètres. La majoration en résultant est de 4 kilomètres environ.

F. — Traversée du Jura, ligne de Jougne.

Cette traversée a, pour la plupart des itinéraires *viâ Simplon*, une grande importance.

Entre Mouchard (altitude 288), où commencent les fortes rampes du côté de la France, et Cossonay (altitude 429), où finissent les fortes rampes du côté de la Suisse, on a, pour l'ensemble des hauteurs franchies, le sommet se trouvant à 1,012^m :

Versant français	1,012 m. — 288 =		724 m.
— suisse.	1,012 — 429 =		583 m.
	Ensemble.		1,307 m.

D'où il y a à retrancher, pour hauteurs rachetées par *faibles rampes* :

Versant français.	88 m.	
— suisse.	43	131 m.
Restent rachetés par *fortes rampes*. . .		1,176 m.

Le groupement des données du profil conduit au tableau suivant dans lequel nous faisons usage des coefficients de majoration correspondant aux grandes altitudes :

Rampes en millimètres.	Hauteur totale rachetée.	Coefficients de majoration.	Allongements dus aux fortes rampes.
15	56^{m}	65	3.640
17	20	68	1.360
18	36	70	2.520
19	22	72	1.584
20	348	74	25.752
22	13	77	1.001
23	93	79	7.347
25	588	82	48.216
	1.176		91.420

Soit un allongement de 91 kilomètres.

La ligne de Jougne comporte, à Vallorbe, une gare de rebroussement, comme la ligne du Mont-Blanc en comporte une à Annemasse.

La gare de Vallorbe, placée à l'altitude de 810^{m}, à moins de 3 kilomètres de la frontière, est et restera la gare douanière de ce passage. Tous les trains devront s'y arrêter et y séjourner, dans tous les cas, plus de temps qu'il n'en faut pour tourner la machine et la remettre en tête. Le rebroussement de Vallorbe n'est donc pas de nature à causer d'inconvénients appréciables d'exploitation, même pour une ligne internationale à grand trafic ; et, s'il n'en était pas ainsi, il serait difficile d'admettre qu'on eût laissé subsister le rebroussement de Maubeuge sur la ligne la plus rapide de Paris à Bruxelles. Toutefois, fussent-ils plus grands que nous ne pensons, ces inconvénients sont faciles à éviter, dans l'espèce. Moyennant, en effet, un allongement de 2^{k},200^{m}, sans dépasser la pente de 20 millimètres, ni descendre, pour les courbes, au-dessous de rayons de 300^{m}, et avec un viaduc sur l'Orbe moitié moins haut que le viaduc métallique actuel, on peut éviter le rebroussement et placer la gare de Vallorbe dans une situation on ne peut plus favorable.

C'est ici le lieu d'expliquer que la ligne de Jougne, construite en territoire français par la Compagnie P.-L.-M., qui en avait la concession, ne l'a été qu'après de longs retards, à la suite de laborieuses négociations, et n'a pas été tracée comme l'aurait été une ligne appelée à desservir un parcours international. Elle contient, en dehors des rampes au-dessus de 20 $^m/_m$ qui pourraient être, aujourd'hui même, rectifiées sans grande dépense, des défectuosités faciles à corriger. Ainsi l'on pourrait, moyennant un court tunnel, abaisser le point culminant de 22^m et diminuer ainsi, virtuellement, le parcours de 3 kilomètres environ. On pourrait encore, mais alors avec un plus long tunnel et une dépense plus considérable, arriver, par le lac de Saint-Point, à la gorge de Vaubillon, un peu en aval de Jougne, sans dépasser l'altitude 860, en raccourcissant un peu le tracé actuel en longueur réelle, et le réduisant, virtuellement, de 22^k,500, ce qui donnerait un raccourci effectif de 23 à 24 kilomètres.

Seulement, fidèle à notre système de ne pas faire entrer en ligne de compte, comme valeur actuelle, des éventualités de ce genre, nous avons écarté ce raccourci de nos calculs, et introduisons dans ceux-ci, pour majoration due aux fortes pentes de la ligne de Jougne, les 91 kilomètres trouvés ci-dessus.

G. — Traversée du Jura, ligne des Verrières

Cette traversée n'a accessoirement d'importance que pour quelques itinéraires *viâ Gothard.*

La ligne des Verrières est commune avec celle de Jougne jusqu'à Frambourg, station qui vient immédiatement après celle de Pontarlier.

Le faîte est à l'altitude de 940^m seulement. Entre Mouchard et Neuchâtel (altitude 480), la hauteur totale rachetée, sur un parcours total de 114 k., est de 1,112 m. dont 980 m. sont rachetés par des rampes de 20 $^m/_m$ s'étendant sur 49 k.

En prenant les coefficients afférents aux grandes altitudes, comme nous les avons pris pour la ligne de Jougne, nous obtenons pour majoration :

$$980^m \times 74 = 72.520^m.$$

Soit un allongement de 73 kilomètres.

H. — Ligne Berne-Lausanne, par Fribourg.

Cette ligne comporte, de Lausanne (alt. 450) à Vauderens (alt. 770), une hauteur de 290^m rachetée par rampes de 18 $^m/_m$. Ce qui, en prenant les coefficients correspondant aux faibles altitudes, conduit à :

$$290^m \times 51 = 14.790^m ;$$

Soit un allongement de 15 kilomètres.

I. — Bale-Olten, passage du Haustein.

La hauteur totale rachetée par fortes rampes est de 346^m, dont : 183^m par rampes de 21 $^m/_m$; 163 m. par rampes de 20 $^m/_m$; ce qui, en prenant les coefficients correspondant aux faibles altitudes, conduit au calcul suivant :

Pour les rampes de 21 $^m/_m$;	$183^m \times 56 =$ . .	10 k. 248
» » » 26 $^m/_m$;	$163^m \times 61 =$ . .	9 k. 943
		20 k. 191

Soit un allongement de 20 kilomètres.

K. — Ardennes françaises, entre Mézières et Hirson.

Entre les stations de Tournes et d'Hirson, ligne de Mézières à Hirson, il existe, sur 41 kilomètres, des rampes excédant 10 $^m/_m$, qui représentent approximativement une hauteur totale rachetée par rampes de 15 $^m/_m$, s'élevant à 360^m. D'où la majoration suivante :

$$360^m \times 45 = 16.200.$$

Soit un allongement de 16 kilomètres.

L. — Ardennes belges, ligne du grand Luxembourg.

Sur la ligne du grand Luxembourg, entre Namur et Sterpenich, au passage des Ardennes belges, comme aussi entre Bruxelles et Namur, il existe de fortes rampes. Le maximum de ces rampes n'excède 16 $^m/_m$ que pour un très faible parcours, mais, sur les 207 kilomètres de la distance totale, elles s'étendent à plus de 95 kilomètres, et rachètent ensemble, sur une somme de montées et de descentes excédant 2,000 m., une fraction de 1,436 m., — le reste étant racheté par des pentes et rampes de 10 $^m/_m$ et au-dessous.

L'analyse du profil en long de cette partie des lignes belges conduit au tableau de majoration suivant, dans lequel nous faisons usage des coefficients correspondant aux faibles altitudes, le point le plus élevé de la ligne n'excédant pas 485 m.

Rampes en millimètres.	Hauteur totale rachetée.	Coefficients de majoration.	Allongements dus aux fortes rampes.
13	220 m.	41	9 k. 020
15	325	45	14 k. 625
16	875	47	41 k. 125
18	16	51	816
	1.436 m.		65 k. 586

Soit un allongement de 66 kilomètres.

M. — Ligne de Saint-Etienne a Saint-Georges-d'Aurat

Majoration donnée par l'examen du profil :

1° Entre Saint-Étienne et Firminy ;

Hauteur rachetée par rampes de 14 m/m : 80 m. × 63 = 5 k. 040

2° Entre le Puy et Saint-Georges-d'Aurat ;

Hauteur rachetée par rampes de 18 m/m : 897 m. × 70 = 62 k. 790

67 k. 830

Soit un allongement de 68 kilomètres.

N. — Ligne de Capdenac a Arvant

Section à fortes rampes entre les stations de Maurs et de Ferrières-Saint-Mary.

La hauteur totale rachetée par fortes rampes est de 1,387 m. se décomposant comme suit :

Hauteur rachetée par rampes de	15 m/m :	325 m. × 65	=	21 k. 125
» » »	20	280 m. × 74	=	20 k. 720
» » »	30	782 m. × 88	=	68 k. 816
Ensemble		1387 m.		110 k. 661

Soit un allongement de 111 kilomètres.

On a employé ici les coefficients des hautes chaînes, le point culminant du profil dépassant l'altitude de 1,150 mètres.

O. — LIGNES DE MOULINS A MONTLUÇON et A SAINT-SULPICE-LAURIÈRE

1° Entre Moulins et Montluçon;
Hauteur rachetée par rampes de 15 m/m : 700m. × 45 = 31 k. 500
2° Entre Montluçon et Saint-Sulpice-Laurière;
Hauteur rachetée par rampes de 12 m/m : 910m. × 40 = 36 k. 400

Ensemble 67 k. 900

Soit un allongement de 68 kilomètres.

Aucun point des deux profils ne dépassant l'altitude de 500m, nous avons appliqué les coefficients des faibles altitudes.

P. — LIGNE DE NIMES A SAINT-GEORGES-D'AURAT

De la station de la Levade (altitude 202) à celle de la Bastide (altitude 1,022), sur un parcours de 52 kilomètres, 820 m. de hauteur totale sont rachetés par des rampes presque toutes de 25 m/m et qui arrivent en moyenne à 24 m/m, ce qui donne comme majoration, avec emploi des coefficients des grandes altitudes :

820 m. × 80.6 = 66 k. 092
Majoration en versant nord 4 k. 200

Ensemble 70 k. 292

Soit un allongement de 70 kilomètres.

Q. — LIGNES DE FIGEAC A RODEZ ET DE RODEZ A FAUGÈRES

De Figeac à Rodez, sur 72 kilomètres, hauteur totale rachetée par rampes de 16 m/m, 290 m.;
d'où la majoration : 290m × 47 = 13 k. 630m

De Rodez à Montpellier, sur 160 kilomètres,
1° De Rodez à Faugères, majoration totale, 90 k. 000
2° De Faugères à Montpellier, idem. 6 k. 720

Ensemble 110 k. 350

Soit un allongement de 110 kilomètres.

R. — Ligne de Figeac a Brives.

Somme de hauteurs rachetées par fortes rampes de 12 m/m 5 à 16 / : 520 m. D'où la majoration : 520 m. × 40 = 20 k.800

Soit un allongement de 21 kilomètres.

S. — Ligne de Nexon a Brives

Somme de hauteurs rachetées par rampes allant de 15 m/m à 23 m/m, la presque totalité de 20 m/m : 905 m.

Majoration : 905 m. × 53 = 47 k.965

Soit un allongement de 48 kilomètres.

T. — Ligne de Savone a Alexandrie

Section de Savone à San-Giuseppe di Cairo ; hauteur rachetée par rampes de 23 /m: 340 m. Majoration : 340 m. × 60 = 20 k. 400

Soit un allongement de 20 kilomètres.

U. — Ligne de Bourg a Mouchard

De Bourg à Lons-le-Saulnier, 160 m. rachetés par rampes de 12 m/m.

De Lons-le-Saulnier à Mouchard, 300 m. rachetés par rampes de 15 m/m.

D'où la majoration suivante :

160 m. × 39 = 6 k.240
300 m. × 45 = 13 k.500
19 k.740

Soit un allongement de 20 kilomètres.

V. — Ligne de Mouchard a Belfort

De Mouchard à Besançon, 150 m. rachetés par rampes de 15 m/m.

Majoration 150 m. × 45 = 6 k.750

Soit un allongement de 7 kilomètres.

NOTE D

Tableau récapitulatif des itinéraires en distances

RÉELLES et VIRTUELLES

Tableau récapitulatif des itinéraires en distances RÉELLES et VIRTUELLES

LETTRES DE CLASSEMENT	INDICATION DES ITINÉRAIRES	DISTANCES — VIA MONT-CENIS (Indice 1) — RÉELLES	VIA MONT-CENIS — VIRTUELLES	VIA SIMPLON (Indice 2) — RÉELLES	VIA SIMPLON — VIRTUELLES	VIA GOTHARD (Indice 3) — RÉELLES	VIA GOTHARD — VIRTUELLES	VIA MONT-BLANC (Indice 4) — RÉELLES	VIA MONT-BLANC — VIRTUELLES	LITTORAL et Vallée du Rhône (Indice 5) — RÉELLES	LITTORAL — VIRTUELLES
		k.	k.	k.	k.	k.	k.	k.	k.	k.	k.
a	Genève-Gênes. . . .	474	632	456	499	»	»	427	539	»	»
b	Genève-Milan. . . .	458	593	364	388	»	»	367	460	»	»
c	Genève-Plaisance . .	496	635	422	446	»	»	408	498	»	»
d	Lyon-Gênes	510	668	620	663	»	»	591	715	»	»
e	Lyon-Milan.	494	629	528	552	»	»	531	636	»	»
f	Lyon-Plaisance . . .	532	671	586	610	»	»	569	674	»	»
g	Mouchard-Gênes . .	602	760	548	682	712	919	»	»	»	»
h	Dijon-Gênes	652	810	627	761	801	955	733	857	»	»
i	Saincaize-Gênes. . .	720	878	830	873	»	»	801	925	»	»
j	Saincaize-Milan . . .	704	839	738	762	»	»	741	846	»	»
k	Saincaize-Plaisance .	742	881	796	820	»	»	779	884	»	»
l	Paris-Gênes	967	1125	942	1076	1056	1210	1048	1172	»	»
m	Paris-Milan.	951	1086	830	965	927	1062	988	1093	»	»
n	Paris-Plaisance . . .	989	1128	908	1023	996	1131	1026	1131	»	»
o	St-Rambert-Plaisance	521	660	651	675	»	»	»	»	»	»
p	St-Georges-d'A.-Plaisance	729	936	783	875	»	»	»	»	908	998
q	Figeac-Plaisance. . .	»	»	988	1191	»	»	»	»	1049	1179
r	Brives-Plaisance. . .	»	»	1078	1218	»	»	»	»	1139	1290
s	Bordeaux-Plaisance .	»	»	1201	1293	»	»	»	»	1251	1271
t	Berne-Gênes.	»	»	513	571	532	666	»	»	»	»
u	Berne-Plaisance. . .	»	»	479	518	472	587	»	»	»	»
v	Olten-Gênes	»	»	580	638	492	626	»	»	»	»
x	Herzogenbuc.-Gênes.	»	»	553	611	520	654	»	»	»	»
y	Belfort-Gênes. . . .	»	»	685	819	613	767	»	»	»	»
z	Belfort-Plaisance . .	»	»	651	766	553	688	»	»	»	»

LETTRES DE CLASSEMENT	INDICATION des majorations respectives dues aux fortes rampes qui ont servi à former les distances virtuelles. (Voir note C) — MONT-CENIS	SIMPLON	GOTHARD	MONT-BLANC	LITTORAL
	k.	k.	k.	k.	k.
a	A+E+E'=158	B+E=43	» »	D'+E=112	» »
b	A=135	B=24	» »	D'=93	» »
c	A+E'=139	B=24	» »	D'=93	» »
d	A+E+E'=158	B+E=43	» »	D+E=124	» »
e	A=135	B=24	» »	D=105	» »
f	A+E'=139	B=24	» »	D=105	» »
g	A+E+E'=158	B+E+F=134	C+E+G=207	» »	» »
h	A+E+E'=158	B+E+F=134	C+E+I=154	D+E=124	» »
	A+E+E'=158	B+E=43	» »	D+E=124	» »
j	A=135	B=24	» »	D=105	» »
k	A+E'=139	B=24	» »	D=105	» »
l	A+E+E'=158	B+E+F=134	C+E+I=154	D+E=124	» »
m	A=135	B+F=115	C+I=135	D=105	» »
n	A+E'=139	B+F=115	C+I=135	D=105	» »
o	A+E'=139	B=24	» »	» »	» »
p	A+E'+M=207	B+M=92	» »	» »	P+T=90
q	» »	B+M+N=203	» »	» »	Q+T=130
r	» »	B+O+S=140	» »	» »	Q+R+T=151
s	» »	B+O=92	» »	» »	T=20
t	» »	B+E+H=58	C+E=134	» »	» »
u	» »	B+H=39	C=115	» »	» »
v	»	B+E+H=58	C+E=134	» »	» »
x	» »	B+E+H=58	C+E=134	» »	» »
y	» »	B+E+G=134	C+E+I=154	» »	» »
z	» »	B+F=115	C+I=135	» »	» »

OBSERVATIONS

Rappel des majorations élémentaires données par la note C.

- A Mont-Cenis. 135
- B Simplon 24
- C Gothard 115
- D Mont-Blanc (Bellegarde) 105
- D' Mont-Blanc (Genève). 93
- E Rampes des Jovi. . . 19
- E' Turin-Alexandrie. . . 4
- F Jura (par Jougne) . . 91
- G Jura (les Verrières). . 73
- H Berne-Lausanne . . . 15
- I Bâle-Olten 20
- K Mézières-Hirson . . . 16
- L Gd-Luxembourg-Belge 60
- M St-Étienne-St-G.-d'Au. 68
- N Arvant-Capdenac. . . 111
- O Moulins-St-Sulpice-L. 68
- P Nîmes-St-G.-d'Aurat. 70
- Q Faugères-Figeac. . . 110
- R Figeac-Brives 21
- S Brives-Nexon. 48
- T Savona-Acqui 20
- U Bourg-Mouchard . . . 20
- V Mouchard-Besançon . 7

Tableau récapitulatif des itinéraires en distances RÉELLES et VIRTUELLES (*Suite*).

LETTRES DE CLASSEMENT	INDICATION DES ITINÉRAIRES	DISTANCES — VIA MONT-CENIS (Indice 1) — RÉELLES	VIRTUELLES	VIA SIMPLON (Indice 2) — RÉELLES	VIRTUELLES	VIA GOTHARD (Indice 3) — RÉELLES	VIRTUELLES	VIA MONT-BLANC (Indice 4) — RÉELLES	VIRTUELLES	LITTORAL et vallée du Rhône (Indice 5) — RÉELLES	VIRTUELLES
		k.	k.	k.	k.	k.	k.	k.	k.	k.	k.
aa	Besançon-Gênes . . .	643	801	589	723	709	863	»	»	»	»
ab	Besançon-Plaisance. .	665	804	555	670	649	784	»	»	»	»
ac	Vesoul-Plaisance. . .	»	»	619	734	615	750	»	»	»	»
ad	Lure-Plaisance. . . .	»	»	649	764	585	720	»	»	»	»
ae	Neufchat.-Plaisance.	»	»	752	867	742	877	»	»	»	»
af	Pagny-sur-Meuse-Plaisance . .	»	»	799	914	782	917	»	»	»	»
ag	Verdun-Plaisance . .	»	»	873	988	848	983	»	»	»	»
ah	Mézières-Plaisance. .	»	»	969	1084	935	1070	»	»	»	»
ai	Hirson-Plaisance. . .	»	»	990	1105	991	1142	»	»	»	»
aj	Bruxelles-Plaisance .	»	»	1126	1241	1036	1237	»	»	»	»
ak	Lille-Plaisance	»	»	1099	1214	1114	1265	»	»	»	»
al	Dunkerque-Plaisance	»	»	1184	1299	»	»	»	»	»	»
am	Furnes-Plaisance. . .	»	»	1209	1324	1176	1377	»	»	»	»
an	Anvers-Plaisance. . .	»	»	»	»	1080	1281	»	»	»	»
ao	Ostende-Plaisance. .	»	»	»	»	1158	1359	»	»	»	»
ap	Calais-Plaisance . . .	v. 1286 m. 1304	1425 1443	1207	1322	1221	1372	v. 1323 m. 1344	1428 1446	» »	» »
aq	Boulogne-Plaisance .	v. 1243 m. 1264	1382 1400	1164	1279	1218	1353	v. 1280 m. 1298	1385 1403	» »	» »
ar	Marseille-Montmélian	»	»	»	»	»	»	»	»	394	394
as	Gênes-Montmélian. .	358	516	»	»	»	»	»	»	»	»
at	Marseille-Culoz. . . .	»	»	»	»	»	»	»	»	444	444
au	Gênes-Culoz	408	566	»	»	»	»	»	»	»	»
av	Marseille-Genève. . .	»	»	»	»	»	»	»	»	510	510
ax	Marseille-Mouchard .	»	»	»	»	»	»	»	»	548	568
ay	Marseille-Belfort. . .	»	»	»	»	»	»	»	»	683	712
az	Marseille-Mulhouse .	»	»	»	»	»	»	»	»	734	761

LETTRES DE CLASSEMENT	INDICATION des majorations respectives dues aux fortes rampes qui ont servi à former les distances virtuelles (Voir note C). — MONT-CENIS	SIMPLON	GOTHARD	MONT-BLANC	LITTORAL
	k.	k.	k.	k.	k.
aa	A+E+E'=158	B+E+F=134	C+E+I=151	» »	» »
ab	A+E'=130	B+F=115	C+I=135	» »	» »
ac	» »	B+F=115	C+I=135	» »	» »
ad	» »	B+F=115	C+I=135	» »	» »
ae	» »	B+F=115	C+I=135	» »	» »
af	» »	B+F=115	C+I=135	» »	» »
ag	» »	B+F=115	C+I=135	» »	» »
ah	» »	B+F=115	C+I=135	» »	» »
ai	» »	B+F=115	C+I+K=151	» »	» »
aj	» »	B+F=115	C+I+L=201	» »	» »
ak	» »	B+F=115	C+I+K=151	» »	» »
al	» »	B+F=115	» »	» »	» »
am	» »	B+F=115	C+I+L=201	» »	» »
an	» »	» »	C+L+I=201	» »	» »
ao	» »	» »	C+I+L=201	» »	» »
ap	A+E'=130	B+F=115	C+I+K=151	D=105	» »
aq	A+E'=130	B+F=115	C+I=135	D=105	» »
ar	» »	» »	» »	» »	» »
as	A+B+E'=158	» »	» »	» »	» »
at	» »	» »	» »	» »	» »
au	A+B+E'=158	» »	» »	» »	» »
av	» »	» »	» »	» »	» »
ax	» »	» »	» »	» »	U=23
ay	» »	» »	» »	» »	U+V=27
az	» »	» »	» »	» »	U+V=27

OBSERVATIONS

Les principaux itinéraires contenus au tableau sont donnés simultanément pour les trois objectifs italiens : Gênes, Milan et Plaisance. Quant aux itinéraires secondaires, ils n'ont été donnés suivant le cas que pour Gênes ou pour Plaisance : aucun ne se rapporte à Milan seul.

Il est facile, au besoin, de déduire soit les itinéraires sur Milan et Plaisance, de celui sur Gênes, soit ceux sur Milan et Gênes de celui sur Plaisance, en ajoutant ou retranchant de l'itinéraire connu les longueurs kilométriques indiquées au barème ci-dessous tant pour les longueurs *virtuelles* que pour les distances *réelles*.

Dans ce barème, les lettres G. M. et P. désignent naturellement Gênes, Milan et Plaisance.

Barème de transformation

Dist. réelles	Dist. virtuelles
1° Mont-Cenis	
G=P − 22k	G=P − 3k
P=G + 22k	P=G + 3k
M=G − 16k	M=G − 39k
M=P − 38k	M=P − 42k
2° Simplon	
G=P + 34k	G=P + 53k
P=G − 34k	P=G − 53k
M=G − 92k	M=G − 111k
M=P − 58k	M=P − 58k
3° Gothard	
G=P×60k	G=P + 79k
P=G − 60k	P=G − 79k
M=G − 120k	M=G − 148k
M=P − 60k	M=P − 69k
4° Mont-Blanc	
G=P + 22k	G=P + 41k
P=G − 22k	P=G − 41k
M=G − 60k	M=G − 79k
M=P − 38k	M=P − 38k
5° Littoral	
G=P − 157k	G=P − 177k
P=G + 157k	P=G + 177k
M=G + 154k	M=G + 174k
M=P − 3k	M=P − 3k

Note E

Sur la détermination des lignes séparatives des zones commerciales afférentes aux divers passages des Alpes.

Les zones commerciales dont nous avons déterminé les limites mutuelles, telles qu'elles figurent à la carte n° 1, sont celles qui, à partir des divers objectifs transalpins, correspondent :

D'une part, aux passages du Mont-Cenis et du Gothard, pour le cas où ces deux passages existeraient seuls ;

D'autre part, au passage du Simplon mis en rapport, du côté sud, avec les itinéraires empruntant le Mont-Cenis ou la ligne du littoral, du côté nord-est, avec le passage du Gothard.

Il n'y avait ni intérêt ni utilité à faire intervenir graphiquement le Mont-Blanc dans la question, et cela même eut été fort difficile. Ainsi que le montre le tableau récapitulatif, note D., et que le fait mieux voir encore le tableau comparatif ci-dessous (1) le Mont-Blanc est, sauf pour Genève, primé, *réellement* et *virtuellement* sur tous les points, par le Mont-Cenis. Et

---

(1) **Tableau comparatif du MONT-CENIS et du MONT-BLANC**

INDICATION des ITINÉRAIRES		DISTANCES				DIFFÉRENCES			
		VIA MONT-CENIS		VIA MONT-BLANC		RÉELLES en faveur du		VIRTUELLES en faveur du	
		Réelles	Virtuelles	Réelles	Virtuelles	Mt-Cenis	Mt-Blanc	Mt-Cenis	Mt-Blanc
Genève-Gênes		474	632	427	539	»	47	»	93
Genève-Milan		458	593	367	460	»	91	»	133
Genève-Plaisance		406	635	405	498	»	91	»	137
Lyon-Gênes		510	668	591	715	81	»	47	»
Lyon-Milan		494	629	531	636	37	»	7	»
Lyon-Plaisance		532	671	569	674	37	»	3	»
Dijon-Gênes		652	810	733	857	81	»	47	»
Saincaize-Gênes		720	878	801	925	81	»	47	»
Saincaize-Milan		704	839	741	846	37	»	7	»
Saincaize-Plaisance		742	881	779	884	37	»	3	»
Paris-Gênes		967	1125	1048	1172	81	»	47	»
Paris-Milan		951	1086	988	1093	37	»	7	»
Paris-Plaisance		989	1128	1026	1131	37	»	3	»
Calais-Plaisance	V.	1286	1425	1323	1428	37	»	3	»
	M.	1304	1443	1341	1446	37	»	3	»
Boulogne-Plaisance	V.	1243	1382	1280	1385	37	»	3	»
	M.	1261	1400	1298	1403	37	»	3	»

OBSERVATION. — Nous pensons que ce sont les distances *virtuelles* qui doivent servir de base à une comparaison rationnelle. Dans l'espèce, la comparaison faite au

fît-on, suivant l'observation qui accompagne le tableau comparatif ci-dessous, bénéficier le Mont-Blanc d'un raccourci hypothétique en territoire italien, entre Ivrée et Santhià, l'avantage, pour Gênes, resterait toujours au Mont-Cenis, et, pour Milan et Plaisance, la marge en faveur du Mont-Blanc serait si faible que la zone commerciale propre à ce passage ne prendrait pour cela aucune importance appréciable.

Quant aux zones délimitées, le tableau récapitulatif note D, fournit une partie des éléments nécessaires pour la détermination de leurs lignes séparatives, et c'est même pour faciliter ce travail qu'ont été introduits, dans le tableau, une partie des itinéraires secondaires qu'il contient.

Il a fallu néanmoins calculer à cet effet d'autres itinéraires qui figurent dans les neuf tableaux ci-après, lesquels correspondent respectivement aux neuf *lignes séparatives* de la carte.

A ces neuf tableaux nous en avons annexé un dixième au moyen duquel a été déterminée la ligne qui séparerait la zone commerciale du port de Marseille de celle dont jouirait le port de Gênes si, aux deux passages du Mont-Cenis et du Gothard, venait s'ajouter le Simplon.

Nous ne croyons pas nécessaire d'insister beaucoup sur les conséquences qui se dégagent spontanément de l'examen de la carte n° 1. Celle de ces conséquences la plus digne d'être relevée est celle qui montre comment les zones du Simplon, pour les trois objectifs transalpins, en repoussant celles du Gothard au nord-est, affranchissent des régions riches et spacieuses de la France d'une dépendance forcée vis-à-vis du passage allemand et s'étendent sur le territoire belge, le long de la mer du Nord, en face de l'Angleterre. C'est là le fait important, depuis longtemps signalé comme conséquence de l'ouverture du Simplon, et qui se trouve confirmé et précisé par la carte n° 1. et les tableaux ci-après.

---

moyen des distances réelles est encore plus défavorable au Mont-Blanc qui est affecté de majorations plus faibles que celles du Mont-Cenis. Genève est donc le seul des points de départ considérés que le Mont-Blanc favorise. Pour tous les autres, il est en perte sur le Mont-Cenis ; et, en supposant même qu'on fît bénéficier hypothétiquement le Mont-Blanc du raccourci d'Ivrée à Santhia, dont nous avons parlé, note A, itinéraire **a.4**. le Mont-Cenis conserverait encore l'avantage en distances réelles et ne perdrait virtuellement que quelques kilomètres sur Milan et Plaisance, car sur Gênes, il conserverait toujours un avantage marqué.

Tableaux des Itinéraires servant à déterminer les lignes séparatives des zones commerciales [1]

N° 1.

SIMPLON — MONT-CENIS (Objectif Gênes)

TRACÉ ROUGE PLEIN N° 1

DE GÊNES à	VIA SIMPLON			VIA MONT-CENIS		
	DISTANCES		POINTS de passage caractéristiques	DISTANCES		POINTS de passage caractéristiques
	Réelles	Virtuelles		Réelles	Virtuelles	
Genève	456	**499** (*a*)	Annemasse	474	**632** (*c*)	Culoz
Bellegarde	485	**528** (*a*)	»	441	**599** (*c*)	Id.
Culoz	518	**561** (*a*)	»	408	**566** (*c*)	»
L.-le-Saulnier	597	**731** (*b*)	Pontarlier	553	**711** (*c*)	Bourg
Mouchard	548	**682** (*b*)	Id.	602	**760** (*c*)	Id.
Dijon	627	**761** (*b*)	Id.	652	**810** (*c*)	Mâcon
Saincaize	830	**873** (*a*)	Culoz et Mâcon	720	**878** (*c*)	Culoz et Mâcon
Montargis	894	**1028** (*b*)	Sens	866	**1024** (*c*)	Saincaize
Moret	875	**1009** (*b*)	»	917	**1075** (*c*)	Montargis
Étampes	998	**1132** (*b*)	Paris	955	**1113** (*c*)	Saincaize
Paris	942	**1076** (*b*)	»	967	**1125** (*c*)	»
Dreux	1024	**1158** (*b*)	Paris	1009	**1167** (*c*)	Orléans

Majorations.

(*a*) = B + E = 43k.
(*b*) = B + E + F = 134k
(*c*) = A + E + E' = 158k

N° 2.

SIMPLON — MONT-CENIS et LITTORAL (Objectif Milan)

TRACÉ BLEU PLEIN N° 2

DE MILAN à	VIA SIMPLON			VIA MONT-CENIS		
	DISTANCES		POINTS de passage caractéristiques	DISTANCES		POINTS de passage caractéristiques
	Réelles	Virtuelles		Réelles	Virtuelles	
Genève	364	**388** (*a*)	Annemasse	458	**593** (*f*)	Culoz
Culoz	426	**450** (*a*)	»	392	**527** (*f*)	»
Lyon	528	**552** (*a*)	Culoz	494	**629** (*f*)	Culoz
St Rambert	593	**617** (*a*)	Lyon	483	**618** (*f*)	Mtmélian Gren.
St Gen-d'Aurat	725	**817** (*b*)	id.	691	**894** (*g*)	Lyon
				VIA LITTORAL		
St Gen-d'Aurat	725	**817** (*b*)	id.	905	**995** (*m*)	Nimes
Figeac	930	**1133** (*c*)	St Gen-d'Aurat	1046	**1176** (*h*)	Mtpellier Rodez
Limoges	918	**1010** (*d*)	Moutr. Mtluçon	1238	**1437** (*k*)	Brives
Brives	1020	**1160** (*c*)	Limoges	1136	**1287** (*i*)	Figeac
Périgueux	1025	**1117** (*d*)	id.	1264	**1284** (*l*)	Agen
Le Buisson	1082	**1174** (*d*)	Périgueux	1207	**1227** (*l*)	Id
Bordeaux	1152	**1244** (*d*)	id.	1248	**1268** (*l*)	Ligne du midi

Majorations.

(*a*) = B = 24k. | (*f*.) = A = 135k.

N° 3.

SIMPLON. — M.-CENIS et LITTORAL. — (Objectif Plaisance.)

TRACÉ BLEU PLEIN N° 3.

DE PLAISANCE à	VIA SIMPLON			VIA MONT-CENIS		
	DISTANCES		POINTS de passage caractéristiques	DISTANCES		POINTS de passage caractéristiques
	Réelles	Virtuelles		Réelles	Virtuelles	
Genève	422	**446** (a)	»	496	**635** (f)	Culoz
Culoz	484	**508** (a)	Annemasse	430	**569** (f)	«
Lyon	586	**610** (a)	Culoz	532	**671** (f)	Culoz
Saint-Rambert	651	**675** (a)	Lyon	521	**660** (f)	Mont. et Gren.
St-G.-d'Aurat	783	**875** (b)	Id.	729	**939** (g)	Lyon
				VIA LITTORAL		
St-G.-d'Aurat	783	**875** (b)	Id.	908	**998** (m)	Nîmes
Figeac	988	**1191** (c)	St-G.-d'Aurat	1049	**1179** (h)	Mont^r et Rodez
Limoges	976	**1068** (d)	Moul^s et Mont.	1241	**1440** (k)	Brives
Brives	1078	**1218** (e)	Limoges	1139	**1290** (i)	Figeac
Périgueux	1083	**1175** (d)	Id.	1267	**1287** (l)	Agen
Le Buisson	1140	**1232** (d)	Périgueux	1210	**1230** (l)	Id.
Bordeaux	1210	**1302** (d)	Id.	1251	**1271** (l)	Ligne du Midi

Majorations

—

(a)=B=24^k
(b)=B+M=92^k
(c)=B+M+N=203^k
(d)=B+O=92^k

(f)=A=135^k
(g)=A+M=203^k
(h)=Q+T=130^k
(i)=O+R+T=151^k

N° 4.

SIMPLON. — GOTHARD. — (Objectif Gênes).

TRACÉ ROUGE PLEIN N° 4.

DE GÊNES à	VIA SIMPLON			VIA GOTHARD		
	DISTANCES		POINTS de passage caractéristiques	DISTANCES		POINTS de passage caractéristiques
	Réelles	Virtuelles		Réelles	Virtuelles	
Berne	513	**571** (a)	Lausanne	532	**666** (c)	Lucerne
Herzogenbuch.	553	**611** (a)	Berne	520	**654** (c)	id.
Olten	580	**638** (a)	id.	492	**626** (c)	id.
Besançon	589	**723** (b)	Pontarl. Mouc.	709	**863** (d)	Belfort
Belfort	685	**819** (b)	Besançon	613	**767** (d)	Bâle
Vesoul	653	**781** (b)	id.	675	**829** (d)	Belfort
Lure	683	**817** (b)	Vesoul	6[illegible]5	**798** (d)	id.
Neufchât.	786	**920** (b)	Chaumont	802	**956** (d)	Epinal
Pagny-s-M	833	**967** (b)	Neufchât.	842	**996** (d)	Nancy
Verdun	907	**1041** (b)	id.	908	**1062** (d)	Conflans
Mézières	1003	**1137** (b)	Reims	995	**1149** (d)	Longuyon
Hirson	1024	**1158** (b)	Laon	1051	**1221** (e)	Mézières
Bruxelles	1160	**1294** (b)	Hirson, Maub.	1096	**1316** (f)	Metz et Luxem.
Lille	1133	**1267** (b)	Tergn., Camb.	1174	**1344** (e)	Mézières
Dunkerq.	1228	**1262** (b)	Lille et Hazeb.	»	»	»
Furnes	1243	**1377** (b)	Dunkerq.	1236	**1456** (f)	Bruxel. Gand
Ostende	»	»	»	1218	**1437** (f)	Bruxelles

Majorations

—

(a)=B+E+H=58^k

(c)=C+E=134^k

[illegible]

N° 5

SIMPLON — GOTHARD (Objectif Milan)

TRACÉ BLEU PLEIN N° 5

DE MILAN à	VIA SIMPLON			VIA GOTHARD		
	DISTANCES		POINTS de passage caractéristiques	DISTANCES		POINTS de passage caractéristiques
	Réelles	Virtuelles		Réelles	Virtuelles	
Berne	421	**460** (*a*)	Lausanne.	403	**518** (*c*)	Lucerne
Herzogen.	461	**500** (*a*)	Berne	391	**506** (*c*)	id.
Olten	488	**527** (*a*)	id.	363	**478** (*c*)	id.
Besançon	497	**612** (*b*)	Pontarl. Neuch	580	**715** (*d*)	Belfort.
Belfort	593	**718** (*b*)	Besançon	484	**619** (*d*)	Bâle
Vesoul	561	**676** (*b*)	id.	546	**681** (*d*)	Belfort
Neufchât.	694	**809** (*b*)	Chaumont	673	**808** (*d*)	Epinal
Pag-s.-M.	741	**856** (*b*)	Neufchât.	713	**848** (*d*)	Nancy
Verdun	815	**930** (*b*)	id.	779	**914** (*d*)	Conflans
Mézières	911	**1026** (*b*)	Reims	866	**1001** (*d*)	Longuyon
Hirson	932	**1047** (*b*)	Laon	922	**1073** (*e*)	Mézières
Bruxelles	1068	**1183** (*b*)	Hirson, Maub.	967	**1168** (*f*)	Metz et Luxem.
Lille	1041	**1156** (*b*)	Tergn., Cambr.	1045	**1196** (*e*)	Mézières
Dunkerq.	1136	**1251** (*b*)	Lille et Hazeb.	»	»	»
Furnes.	1151	**1266** (*b*)	Dunkerq.	1107	**1308** (*f*)	Bruxel. Gand
Ostende	»	»	»	1089	**1290** (*f*)	Bruxelles

Majorations.

—

N° 6

SIMPLON — GOTHARD (Objectif Plaisance)

TRACÉ BLEU PLEIN N° 6

DE PLAISANCE à	VIA SIMPLON			VIA GOTHARD		
	DISTANCES		POINTS de passage caractéristiques	DISTANCES		POINTS de passage caractéristiques
	Réelles	Virtuelles		Réelles	Virtuelles	
Berne	479	**518** (*a*)	Lausanne	472	**587** (*c*)	Lucerne
Herzogen	519	**558** (*a*)	Berne	460	**575** (*c*)	id.
Olten	546	**585** (*a*)	id.	432	**547** (*c*)	id.
Besançon	555	**670** (*b*)	Pontarl. Neuch	649	**784** (*d*)	Belfort.
Belfort	651	**766** (*b*)	Besançon	553	**688** (*d*)	Bâle
Vesoul	619	**734** (*b*)	id.	615	**750** (*d*)	Belfort
Neufchât.	752	**867** (*b*)	Chaumont	742	**877** (*d*)	Epinal
Pagny-s-Meu.	799	**914** (*b*)	Neufchât.	782	**917** (*d*)	Nancy
Verdun	873	**988** (*b*)	id.	848	**983** (*d*)	Conflans
Mézières	969	**1084** (*b*)	Reims	935	**1070** (*d*)	Longuyon
Hirson	990	**1105** (*b*)	Laon	991	**1142** (*e*)	Mézières
Bruxelles	1126	**1241** (*b*)	Hirson, Maub.	1036	**1237** (*f*)	Metz et Luxem.
Lille	1099	**1214** (*b*)	Tergn. Cambr.	1114	**1265** (*e*)	Mézières
Dunkerq.	1194	**1309** (*b*)	Lille et Hazeb.	»	»	»
Furnes	1209	**1324** (*b*)	Dunkerq.	1176	**1377** (*f*)	Bruxel. Gand
Ostende	»	»	»	1158	**1359** (*f*)	Bruxelles

Majorations.

—

N° 7.

MONT-CENIS. — GOTHARD. — (Objectif Gênes.)

TRACÉ ROUGE POINTILLÉ N° 7.

DE GÊNES à	VIA MONT-CENIS			VIA GOTHARD		
	DISTANCES		POINTS de passage caractéristiques	DISTANCES		POINTS de passage caractéristiques
	Réelles	Virtuelles		Réelles	Virtuelles	
Mouchard	602	**760** *(a)*	Bourg	712	**919** *(c)*	Belfort
Besançon	643	**801** *(a)*	Mouchard	709	**863** *(b)*	Idem
Dijon	652	**810** *(a)*	Mâcon	801	**955** *(b)*	Vesoul et Gray
Chalindrey	729	**887** *(a)*	Dijon	748	**902** *(b)*	Belfort
Sens	854	**1012** *(a)*	id.	956	**1110** *(b)*	Troyes
Paris	967	**1125** *(a)*	id.	1056	**1210** *(b)*	Belfort

Majorations.

—

$(a) = A + E + E' = 158^k$
$(b) = C + E + I = 154^k$
$(c) = C + E + G = 207^k$

N° 8.

MONT-CENIS — GOTHARD. — (Objectif Milan)

TRACÉ BLEU POINTILLÉ N° 8.

DE MILAN à	VIA MONT-CENIS			VIA GOTHARD		
	DISTANCES		POINTS de passage caractéristiques	DISTANCES		POINTS de passage caractéristiques
	Réelles	Virtuelles		Réelles	Virtuelles	
Mouchard	586	**721** *(a)*	Bourg	583	**771** *(c)*	Belfort
Besançon	627	**762** *(a)*	Bᵍ et Mouchard	580	**715** *(b)*	id.
Dijon	636	**771** *(a)*	Mâcon	672	**807** *(b)*	Vesoul et Gray
Chalindrey	713	**848** *(a)*	Dijon	619	**754** *(b)*	Belfort
Sens	838	**973** *(a)*	id.	827	**962** *(b)*	Troyes
Paris.	951	**1086** *(a)*	id.	927	**1062** *(b)*	Belfort

Majorations

—

$(a) = A = 135^k$
$(b) = C + I = 135^k$
$(c) = C + G = 188^k$

N° 9.

MONT-CENIS — GOTHARD (Objectif Plaisance)

TRACÉ BLEU POINTILLÉ N° 9

DE PLAISANCE à	VIA MONT-CENIS			VIA GOTHARD		
	DISTANCES		POINTS de passage caractéristiques	DISTANCES		POINTS de passage caractéristiques
	Réelles	Virtuelles		Réelles	Virtuelles	
Mouchard	624	**763** (*a*)	Bourg	652	**840** (*c*)	Belfort
Besançon	665	**804** (*a*)	Bourg Mouchard	449	**784** (*b*)	id.
Dijon	674	**810** (*a*)	Mâcon	741	**876** (*b*)	Vesoul et Gray
Chalindrey	751	**890** (*a*)	Dijon	688	**823** (*b*)	Belfort
Sens	876	**1015** (*a*	id.	896	**1031** (*b*)	Troyes
Paris	989	**1128** (*a*)	id.	996	**1131** (*b*)	Belfort

Majorations.

—

(*a*) = A + E′ = 139k.

(*b*) = C + I = 135k.

(*c*) = C + G = 188k.

N° 10.

LIGNE SÉPARATIVE des zones commerciales du port de MARSEILLE et du port de GÊNES.

Tracé rouge pointillé sans numéro

à	De Marseille	DE GÊNES			OBSERVATIONS
		Via Mont-Cenis	Via Simplon	Via Gothard	
Montmélian	394 (1)	516	»	»	Les trois premières distances de la première colonne ne comportent pas de majoration. Toutes les autres distances sont des distances *virtuelles*.
Culoz	444 (2)	566	»	»	
Genève	510 (2)	»	499	»	
Mouchard	568 (3)	»	682	»	
Belfort	712 (4)	»	»	767	
Mulhouse	761 (5)	»	»	718	

Points de passage caractéristiques.

—

(1) Par Valence et Grenoble.
(2) » Montmélian.
(3) » Lyon, Ambérieu et Bourg.
(4) » Mouchard et Besançon.

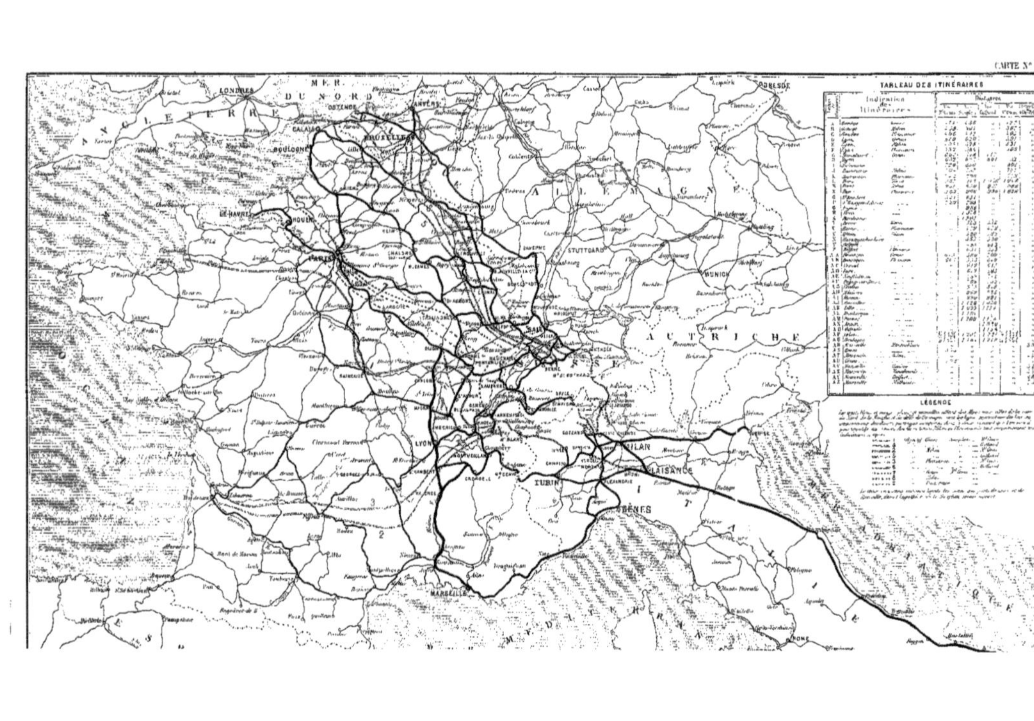
CARTE N° 1
TABLEAU DES ITINÉRAIRES
LÉGENDE
MER DU NORD
ANGLETERRE
LONDRES
OSTENDE
ANVERS
BRUXELLES
CALAIS
BOULOGNE
LE HAVRE
ROUEN
PARIS
ALLEMAGNE
STUTTGARD
MUNICH
AUTRICHE
BALE
BERNE
LYON
MILAN
PLAISANCE
TURIN
GÊNES
MARSEILLE

MER DU NORD
OSTENDE
CALAIS
BOULOGNE
ROUEN
LE HAVRE
MER ADRIATIQUE
MILAN
PLAISANCE
TURIN
GÊNES
MER DE LIGURIE
LÉGENDE

Note F

Examen de quelques questions spéciales que permet de résoudre le tableau récapitulatif des itinéraires, note D.

§ 1er. *Situation comparée des ports français du détroit, et du port d'Ostende, dans leurs rapports avec Plaisance.*

D'après les itinéraires : **ao. 3**, **ap. 3**, et **aq. 3**, la distauce virtuelle Ostende-Plaisance est de 1,359 k., et les plus courtes distances, *Viâ Gothard*, de Calais et de Boulogne à ce même point, sont respectivement : 1,372 k. et 1, 353 k. ; soit 13 k. en plus pour Calais, et 6 kilomètres en moins pour Boulogne.

Il est bien difficile aux voies françaises de lutter avec les voies belges et allemandes dans ces conditions. Aussi songerait-on, paraît-il, à améliorer la situation faite aux deux ports français par le percement du Gothard, en ouvrant, dans les Vosges, non loin du Ballon d'Alsace, une nouvelle ligne, non comprise dans la dernière loi de classement. Cette ligne établirait, par Remiremont, entre Épinal et Belfort, un raccourci notable sur la direction actuelle par Lure qu'ont suivie nos itinéraires.

Dans quelles mesures ces espérances sont-elles fondées ? A quel prix les réaliserait-on ? C'est ce que nous allons rechercher.

La distance actuelle d'Épinal à Belfort par Lure est de 110 kilomètres.

Des tracés nouveaux à établir, le seul propre à donner un raccourci sérieux devrait prendre le taureau par les cornes et passer sous le Ballon d'Alsace même. Ce tracé, empruntant jusqu'au bout la ligne de Remiremont à St-Maurice-Bussang, viendrait, après avoir franchi la montagne, rejoindre a Bas-Evette, par la vallée de la Savoureuse et Giromagny, la grande ligne de Paris à Belfort.

Le tronçon de 10 kilomètres environ de Bas-Evette à Giromagny est déjà classé. Le nouveau tracé pourrait remonter encore de 3 kilomètres dans la gorge de la Savoureuse. Mais là, à moins de se lancer dans l'entreprise d'un véritable chemin de fer de montagne des plus difficiles, il faudrait aller droit sur Saint-Maurice, par un tunnel qui n'aurait pas moins de 8 kilomètres.

Dans ces conditions, la distance nouvelle serait :

Épinal — St-Maurice-Bussang	55 k.
St-Maurice — Bas-Evette	22 à 23
Bas-Evette — Belfort	7
Ensemble	84 à 85 k.

Soit un raccourci d'environ 25 kilomètres ; mais avec l'obligation d'ouvrir un tunnel quasi alpestre de 8 kilomètres.

Si, pour échapper à cette obligation, on voulait, en conservant cette direction, franchir les Vosges à ciel ouvert, on tomberait sur des résultats absolument contraires au but poursuivi. St-Maurice est à l'altitude 540 mètres. On pourrait rejoindre la Savoureuse en amont de Giromagny, à l'altitude 500 à peu près. Le tracé devrait s'élever aux environs de 1,200 mètres. Il ressort de là une hauteur totale à franchir de 1,360 mètres. Avec des rampes de 20 millimètres, le tracé aurait, sans paliers de repos, sans stations, 68 kilomètres de développement, et la majoration correspondante dépasserait 100 kilomètres. Ce ne serait guère là un raccourci. En poussant la déclivité à 30 millimètres, la distance virtuelle totale serait un peu moindre ; mais elle atteindrait encore 165 kilomètres. — Il n'y a visiblement rien à faire dans cette voie.

Il y aurait une autre solution ; celle-ci plus rationnelle. Ce serait de s'arrêter au Thillot, 5 kilomètres avant St-Maurice ; de percer la chaîne, très abaissée, surtout très rétrécie en cet endroit, et de gagner la grande ligne de Belfort, à Ronchampt, par la vallée de l'Oignon. Ce tracé est nettement indiqué par le terrain. Dans ce système, on aurait approximativement, avec l'obligation expresse d'un tunnel d'au moins 3 kilomètres, près le Thillot, la distance qui suit :

Épinal — Le Thillot	50 k.
Le Thillot — Ronchampt	33 à 34
Ronchampt — Belfort	21
Ensemble	104 à 105 k.

Ce n'est plus qu'un raccourci de 5 kilomètres avec un profil plus difficile que par Aillevilliers et Luxeuil, et, pour ce résultat, insignifiant, sinon tout à fait nul, 33 à 34 kilomètres de ligne à construire, dont un tunnel de 3 kilomètres.

Voilà, au fond, à quoi se réduisent les espérances fondées sur ce raccourci, dit de Giromagny, qui est impossible à faire par Giromagny. On nous assure que l'idée a été abandonnée. Nous le croyons sans peine.

Remarquons combien le Simplon fait aux ports de Calais et de Boulogne, pour lutter avec Ostende, une situation plus avantageuse que celle qui leur est offerte par le Gothard. Ce passage donne, en effet, et bien au delà, le raccourci que l'on cherche illusoirement dans les Vosges, en y ajoutant l'avantage de maintenir bien plus longtemps le trafic transitaire sur des voies françaises.

De Calais à Plaisance, itinéraire **ap. 2**, de Boulogne à Plaisance, itinéraire **aq. 2**, on a, respectivement, en distances virtuelles, *viâ Simplon*, 1,322 kilomètres et 1,279 kilomètres; soit respectivement 50 kilomètres et 74 kilomètres de moins que par le Gothard, et, respectivement aussi, des distances de 37 kilomètres et 80 kilomètres plus courtes que celle d'Ostende à Plaisance.

Dans ces conditions, surtout par Boulogne, la lutte devient possible contre le port Belge. Et l'on remarquera que, pour arriver à cette conclusion, nous ne tenons compte d'aucune des nombreuses rectifications que, — sur les transversales françaises, aujourd'hui morcelées, qui deviendraient des lignes de grand parcours, — il serait possible de réaliser avec des dépenses relativement minimes.

Entre l'Angleterre, par les ports du détroit, et Plaisance qui commande non seulement Brindisi, mais tous les ports avancés de la péninsule, c'est donc le Simplon, et le Simplon seul, qui assure la suprématie des voies ferrées françaises et peut y retenir sûrement le service des voyageurs et de la grande vitesse.

§ 2. *Situation comparée des ports français du détroit et de la Manche, avec le port d'Anvers, dans leurs rapports possibles avec la haute Italie.*

Ces rapports ne sont sans doute pas appelés à prendre une grande importance. En thèse générale, nonobstant les percements des Alpes, la haute Italie restera surtout desservie dans ses rapports transatlantiques ou transméditerranéens, par les ports de Gênes et Venise.

Il n'est pas inutile toutefois de faire pour Anvers une recherche analogue à celle que nous avons faite pour Ostende, en prenant, dans ce cas, pour objectif, au lieu de Plaisance, Milan qui est le vrai centre de la haute Italie.

En déduisant, au moyen des barêmes du tableau récapitulatif, note D, les itinéraires Milan des itinéraires Plaisance, on trouve, en distances virtuelles, les chiffres suivants :

ITINÉRAIRES	VIA		OBSERVATIONS
	Simplon	Gothard	
	k.	k.	
Anvers-Milan —	»	1212	L'itinéraire Rouen-Milan est formé en comptant 13 k. entre les deux gares : Paris-Batignolles et Paris-Bercy.
Calais-Milan —	1264	1303	
Boulogne-Milan.	1221	1284	
Rouen-Milan —	1114	1235	

On voit que, par le Gothard, Calais et Boulogne sont respectivement en perte, sur Anvers, de 91 k. et 72 k. La perte existe toujours *viâ Simplon* ; seulement elle descend respectivement à 52 k. et 9 k. Toutefois la lutte dans ces conditions serait difficile. Mais en revanche, par Rouen, les voies françaises reprennent l'avantage. Rouen gagne sur Anvers 98 k. Le Havre primerait Anvers également ; mais l'avance se réduirait à 6 kil.

Il est donc encore vrai ici, quelle que puisse être l'importance des relations des grands ports de la Manche, du détroit et de la mer du Nord, avec la haute Italie, que c'est par le

Simplon, et le Simplon seul, que ces relations pourraient avantageusement procéder de ports français, — Rouen étant, à cet effet, le mieux placé de tous.

§ 3. *L'ouverture du Simplon peut-elle nuire au port de Marseille? Et accessoirement que penser d'un percement spécial des Alpes qui rapprocherait Marseille de Turin ?*

Les questions intéressant le port de Marseille comportent deux points de vue: celui du bassin commercial dont Marseille est le port naturel d'importation ou d'exportation maritimes ; celui des relations internationales dont Marseille est le port d'attache.

Le passage du Simplon nuirait-il à Marseille à l'un ou à l'autre point de vue ?

Le tableau n° 10 de la note E, et la courbe en pointillé rouge qui figure sur la carte n° 1, dans la ligne du Jura, sous une direction nord et sud, ont l'un et l'autre pour objet de répondre à la première des questions ci-dessus.

Ces deux documents montrent que Marseille, qui prime Gênes, *viâ Mont-Cenis*, à Montmélian et à Culoz, atteint Genève à peu près à égalité de parcours avec Gênes, *viâ Simplon*; l'emporte, de **114** k. à Mouchard, de **55** k. à Besançon, sur les itinéraires les plus courts procédant de Gênes, et ne perd l'avantage qu'à Mulhouse sur l'itinéraire qui, de Gênes, *viâ Gothard*, aboutit au même point.

Ces limites dont nous venons d'indiquer le tracé seraient-elles les mêmes si les Alpes ne donnaient passage à aucune voie ferrée? Non sans doute. Si la barrière des Alpes était entièrement fermée, le marché de Marseille comprendrait la Savoie tout entière et s'étendrait profondément en Suisse. Mais c'est le Mont-Cenis qui lui a enlevé une partie de la Savoie, et qui lui dispute la Suisse romande. Quant à la Suisse allemande, Venise et Trieste n'ont pas besoin du Gothard pour l'enlever à Marseille. Les passages du Brenner et de l'Arlberg ont déjà amené ce résultat. Enfin, en ce qui touche Mulhouse et ses au delà, il faut remarquer que, de ce grand centre industriel, on compte, en distances virtuelles : **642** k. sur Anvers ; **634** k.

sur Rouen ; 722 k. sur le Havre, toutes distances moindres que celle de 761 k. qui sépare Mulhouse de Marseille (itinéraire **az. 5**, tableau récapitulatif, note D). Les passages des Alpes et les ports italiens n'ont donc rien à voir dans la limitation de la zone commerciale de Marseille à cette hauteur. Et l'on se rend compte également que, si le Simplon doit attirer sur le territoire suisse une partie du courant qui, sans lui, irait au Mont-Cenis ou au Gothard, il n'enlève pas un fétu au port de Marseille comme port d'exportation et d'importation.

Ne manquons pas de remarquer d'ailleurs, comme confirmation de ce qui précède, combien la limite séparative du Mont-Cenis et du Simplon, objectif Gênes, (courbe rouge n° 1 de la carte n° 1), est fortement rejetée au Nord, dans une région où l'influence des ports français ne donne à la concurrence du Simplon et du Mont-Cenis vis-à-vis du port de Gênes qu'une valeur absolument théorique.

Reste la question des services transméditerranéens.

Pour les relations avec l'Afrique, Marseille jouit d'une suprématie incontestée. Tout ce qui peut y faire échec dans le sens de l'ouest, — on sait que la chose est arrivée déjà, — ne dépend aucunement des passages des Alpes. Ceux-ci ne peuvent avoir d'influence que pour les relations avec le fond de la Méditerranée et l'Orient.

Ici, comme partout, la question des ports intérieurs et des ports avancés se présente, et l'effet est le même qu'il s'agisse des échancrures de la Méditerranée ou d'un fleuve pénétrant plus ou moins profondément à l'intérieur des terres. Marseille, Gênes, Venise, Trieste, placés au fond de découpures plus ou moins profondes des côtes, tirent de cette situation un avantage pour le service des transports maritimes à petite vitesse. Ces ports perdent au contraire à cette situation, en ce qui touche le service des voyageurs et les marchandises grande vitesse ; — fraction relativement faible, nous l'admettons, mais dont il faut tenir compte. Cette infériorité relative, pour des usages spéciaux, tient à la nature des choses.

Il est toujours vrai que les marchandises choisissent la voie la moins chère. Mais le temps joue un rôle de plus en plus grand dans leur prix de revient, et l'influence de cet élément varie nécessairement avec le prix des marchandises elles-mêmes. La tendance universelle qui pousse, de nos jours, à accélérer les relations commerciales n'est pas le fait d'une pernicieuse maladie mentale qui affligerait l'humanité. C'est une tendance parfaitement rationnelle, qu'elle soit consciente ou non.

Quant aux voyageurs, si le bon marché les attire aussi, ce qu'ils veulent surtout c'est gagner du temps et éviter la fatigue. Pour le moment, la vapeur fait cheminer plus vite sur terre que sur mer, et sur terre la fatigue est moindre aussi. De là le privilège de situation des ports avancés pour les communications au delà des mers. Les exemples abondent. A ce point de vue, on ne peut pas faire que la péninsule italienne tout entière ne soit pas comme un immense embarcadère s'avançant, du pied des Alpes, vers le fond de la Méditerranée, Suez et l'Orient. En 1874, nous annoncions qu'infailliblement des services méditerranéens prendraient leur attache à Brindisi ou dans le golfe de Tarente. Cela s'est réalisé depuis plusieurs années déjà, et les services procédant des ports avancés d'Ancône, Livourne, Civita-Vecchia, Naples et Messine se sont beaucoup développés. Un courant s'est formé dans la direction de l'extrémité de la péninsule. Ce courant enlève quelque chose à Marseille ; — cela n'est pas niable. Sans le Mont-Cenis, le fait ne se serait pas produit, au moins dans les proportions qu'il a prises. Mais le Mont-Cenis existe. Nul ne songe à fermer ce passage à la vapeur. Dans cet état de choses, quel effet produirait l'intervention du Simplon. Il activerait le courant créé; cela ne peut être mis en doute. Il enlèverait par là du trafic au Mont-Cenis ; rien n'est plus certain. Mais, quant à Marseille, il ne lui enlèverait pas un passager.

Dans un autre paragraphe de la présente note, nous examinons quel développement peut prendre ce mouvement sur Brindisi et les ports avancés de l'Italie. Mais, quoi que devienne ce mouvement, la conclusion qui précède nous paraît incontestable.

L'ouverture du Simplon ne peut donc nuire dans la plus étroite mesure au port de Marseille.

Il est, en revanche, une percée des Alpes qui, sans avoir une grande portée internationale, pourrait faire retrouver à Marseille, en Piémont, une partie du terrain que le Mont-Cenis lui a fait perdre en Savoie.

Il existe dans la gorge de la Dora, à quelques kilomètres en amont de Bardonnèche, à quelques pas de la tête sud du tunnel du Mont-Cenis, un col des Alpes, celui de l'Échelle, qui conduit dans la vallée de la Durance, (1) à 15 kilomètres en amont de Briançon.

Le col de l'Échelle, d'après des projets officiels remontant à 25 ans, peut-être percé à l'altitude de 1,520ᵐ par un tunnel de moins de 4 k., et il a souvent été question d'établir dans cette direction, par Gap, Embrun et Briançon, une voie ferrée rattachant, par une direction plus courte que celle du Mont-Cenis, le bas de la vallée du Rhône à Turin et à la vallée du Pô.

Ce projet, nous le savons, préoccupe vivement les esprits en Piémont. Il n'était pas sans intérêt de savoir quel rôle pouvait lui être attribué.

En suivant, au-dessus de Gap jusqu'à Briançon, des tracés déjà préparés par le P.-L.-M. et s'aidant entre Briançon et Bardonnèche des projets dressés en 1856 par l'ingénieur en chef de l'Isère, on arrive à l'itinéraire suivant entre Marseille et Turin:

Marseille		
Veynes	195	
Gap	26	
Briançon	83	304
Tunnel.. Tête France	15	
Tunnel.. Tête Italie	4	
Bardonnèche	10	29
Turin	»	87
		420

(1) On dit quelquefois, pour en tirer une objection contre le Simplon, que ce passage est bien près du Gothard. Il n'est pas sans intérêt de relever cette circonstance que le col des Échelles, contigu au Mont-Cenis, engage dans la vallée de la Durance coulant au sud, tandis que, par la vallée de l'Arc, le Mont-Cenis conduit au nord-ouest. Des faits analogues se présentent à tous les pas dans les grandes chaînes ; et, pour en revenir au Simplon, ce passage amène dans la vallée du Rhône, tandis que le Gothard conduit dans celle du Rhin.

Par Grenoble, Montmélian et le Mont-Cenis, la distance est de 586 k.; elle est encore de 524 k. par le littoral et Savone. Le tracé par le col de l'Echelle aurait donc en *distance réelle* un avantage marqué.

La question change de face, il est vrai, au moins pour le littoral, lorsqu'on passe aux distances *virtuelles*. Voici ce que l'on trouve à cet égard.

Entre Marseille et Briançon, sur 304 kilomètres la somme de hauteurs rachetée par fortes rampes allant jusqu'à $25^m/_m$ atteint $2,140^m$ et conduit à une majoration de........ 132 kil.

De Briançon à Bardonnèche, la somme de hauteurs franchies par rampes de 25 $^m/_m$, est de 543^m ; d'où une majoration de.............................. 45 —

Enfin, de Bardonnèche à Bussolino, la hauteur rachetée est 810^m et la majoration de............ 68 —

Ensemble.... 245 kil.

D'autre part, on a, par le Mont-Cenis, 135 k. de majoration, et par le littoral, entre Savone et Turin, 40 k.

De telle sorte qu'en passant aux distances virtuelles on a le résultat suivant :

		RÉEL	VIRTUEL
Marseille-Turin..	Via Briançon	420k	665k
	» Mt-Cenis	586	721
	Littoral.	524	564

Le Mont-Cenis perdrait encore en distance virtuelle.

Une voie ferrée perçant les Alpes au col de l'Echelle peut donc être extrêmement utile à certains intérêts régionaux. Et, remarquons-le, cette voie, prévue dans la loi de classement des chemins de fer français, n'exige la construction que de 29 k. au delà de Briançon.

§ 4. *Des relations commerciales entre la France et la haute Italie que le percement du Simplon créerait ou activerait.*

Dans des écrits antérieurs, nous avons avancé qu'en réduisant les distances qui séparent, de la haute Italie, le centre de la France, la Bourgogne, la vallée de la Saône et les bassins houillers de la Loire, le percement du Simplon activerait les relations commerciales existantes ou en ouvrirait de nouvelles entre ces riches marchés de production et de consommation. Cette assertion, en son sens général, nous paraît incontestable. Réduire la dépense de transport, c'est abaisser les prix ; abaisser les prix, c'est étendre les marchés. La création des voies de transport n'a pas ailleurs sa raison d'être.

Nous avions en outre appliqué cette indication générale à quelques types de marchandises bien connus : la houille, le vin et le blé, susceptibles de donner lieu à des déplacements par masses considérables quand le coût élevé du transport n'empêche pas ces échanges.

Nous avions, dans cet ordre d'idées, montré, par quelques chiffres : que les houilles de nos bassins de la Loire et du Centre pouvaient, par le Simplon, aller lutter en Lombardie avec la houille anglaise ; quant au vin, signalé aussi que, par la nouvelle voie, nos régions vinicoles de l'Est se trouvaient plus rapprochées de Milan que Bordeaux de Paris, et, quant au blé enfin, fait voir que, par le Simplon, les marchés régulateurs du commerce des céréales des deux côtés des Alpes seraient placés à telle distance qu'un écart de quelques francs dans le prix de l'hectolitre provoquerait des déplacements qui n'auraient lieu, dans l'état actuel des choses, que pour des écarts plus considérables.

Une récente brochure publiée par M. le comte de Résie, ancien sous-directeur général des Chemins de fer Romains, nous fournit des indications utiles qui nous permettent de préciser les questions que nous avions posées, tout en combattant d'une façon générale sa thèse qui est celle de l'inutilité du Simplon.

Nous n'insisterons d'ailleurs pas beaucoup sur le vin et le blé, envisagés simplement par nous à titre d'exemples.

« Les vins de la Valteline, — dit M. de Résie, — sont consommés dans le pays ou vendus dans la Suisse allemande, » ils prendront la route du Saint-Gothard, et nos marchés de » l'Est n'ont rien à recevoir de la Lombardie ou de l'Emilie » dont ils sont séparés par la traversée de la Suisse formant » une barrière de 250 à 300 kilomètres. »

Opposer l'existence d'une semblable barrière à ceux qui veulent l'abaisser, paraît une objection assez bizarre. Notre but n'est pas plus d'ailleurs, par cet abaissement, de déterminer des courants dans un sens que dans l'autre; et notre préoccupation est aussi bien de faire pénétrer les produits de nos vignobles de l'Est dans la Lombardie que de déterminer l'affluence sur nos marchés des produits vinicoles de la Lombardie et de l'Emilie.

A ce point de vue du rapprochement entre les centres de production et de consommation qui est le but poursuivi par nous, voici ce que l'étude des distances nous donne le moyen d'établir. En prenant, pour centre principal de la région vinicole française la plus rapprochée de Milan, Dijon au nord, et plaçant l'extrémité sud de cette région à Mâcon, la comparaison des diverses voies que peuvent suivre les produits à échanger, conduit au tableau suivant :

	VIA			OBSERVATIONS
	SIMPLON	MONT-CENIS	GOTHARD	
Dijon—Milan. .	650^{k}	771^{k}	799^{k}	Différences 121^{k} et 149^{k}
Mâcon—Milan.	568^{k}	645^{k}	896^{k}	» 77^{k} et 328^{k}

La différence moyenne de parcours en faveur du Simplon sur le Mont-Cenis excède donc 100 kilomètres, eu égard à la prépondérance de Dijon ; cette même différence, par rapport au Gothard, excède 200 kilomètres.

Sans entrer dans des considérations spéciales et des détails qui masquent souvent plutôt qu'ils n'éclaircissent le vrai côté des questions, il paraît difficile d'admettre qu'une abréviation de distance de 100 kilomètres entre deux centres fournissant un produit destiné aux mêmes fins, mais présentant d'un marché à l'autre des différences caractéristiques notables, ne détermine pas des échanges qui seraient restés impossibles sans cet abaissement de prix relatif qu'on peut largement porter à 6 francs par tonne.

En ce qui touche le blé, voici ce que dit M. de Résie de la Lombardie : « Quant aux produits agricoles de cette riche » contrée, ils suffisent à peine, le riz excepté, à l'alimentation

» d'une population très dense. La Lombardie importe du blé » plutôt qu'elle n'en exporte, et l'insuffisance de ses récoltes » est comblée par les blés des Pouilles et de la Capitanate. »

Nous ne ferons à ce sujet qu'une observation.

Foggia, chef-lieu de la Capitanate, est à 743 kilomètres de Milan. Pour les autres parties des Pouilles, la distance est plus considérable encore.

D'autre part, Gray, notre grand marché régulateur de l'Est, est virtuellement : par le Mont-Cenis, à 840 kilomètres de Milan ; par le Gothard, à 730 kilomètres. Le Simplon réduit cette distance à 655 kilomètres ; différences de parcours : 185 et 75 k. En distances réelles, on a : Mont-Cenis 705 ; Gothard 595; Simplon 540. Les différences respectives diminuent, mais de 20 kilomètres seulement.

Cela posé, il est évident que, si les blés des Pouilles peuvent franchir commercialement, dans certaines circonstances, par voies ferrées, 743 kilomètres et plus, les nôtres pourront, dans quelques cas donnés, nonobstant un écart dans le prix originaire, sur place, supporter le fret correspondant à des distances notablement moindres. Cette possibilité croîtra avec la réduction du parcours, et cette réduction maximum c'est toujours le Simplon qui la donne.

Arrivons à la houille.

M. de Résie, entre, à l'égard de ce produit, dans d'assez longs développements. Il donne le prix des houilles anglaises et françaises sur le carreau de la mine, le fret d'Angleterre à Gênes et le prix de la houille anglaise à Turin et à Milan. Il indique que, depuis une quinzaine d'années, les charbons du Gard, surtout les agglomérés, sont entrés en concurrence avec les houilles anglaises dans les ports de la Méditerranée et de l'Adriatique ; que cette arrivée sur le marché italien d'un nouveau combustible a eu pour résultat une baisse dans le prix des charbons anglais; que le percement du Mont-Cenis leur a suscité une nouvelle concurrence dans le Nord de l'Italie, et fait pénétrer les charbons du bassin de la Loire sur les marchés de Turin et de Milan. Il montre encore que la prédominance, sur le marché, du charbon de l'une ou de l'autre provenance dépend uniquement de l'oscillation du prix du fret, entre l'Angleterre et Gênes; il annonce qu'une abréviation hypothétique de 32 k. entre Saint-Étienne et Turin due à l'ouverture d'une ligne nouvelle, de Saint-André-le-Gaz à Chambéry, assurera aux charbons de la Loire le monopole du Piémont, mais que, sur le marché de Milan, la concurrence des houilles anglaises, compliquée de celle à prévoir des charbons de la Sarre par le Gothard, s'opposera à ce que les houilles françaises prennent, à Milan, une prédominance assurée. Tout cela dit, bien entendu, pour établir que le Simplon ne peut servir à rien.

Indiquons quelques points de fait principaux en ce qui touche aux distances, et raisonnons.

Voici le tableau des distances à Milan des charbonnages français les plus rapprochés de l'Italie :

MINES	VIA			OBSERVATIONS
	SIMPLON	MONT-CENIS	LITTORAL	
Épinac.	656k	733k	»	Avec majoration *spéciale* de 11k d'Épinac à Chagny.
Rive-de-Gier. .	588k	665k	»	Sans majoration *spéciale*.
Bessèges . .	»	»	798k	Id.
Grand-Combe. .	»	»	781k	Id.

A quoi nous ajouterons que, *viâ Gothard*, la distance de Sarrebruck à Milan sera : *réelle* 664 kilomètres; *virtuelle* 799 kilomètres.

Relevons de suite que, par le Simplon, Rive de Gier l'emporte : de 77 kilomètres sur le Mont-Cenis, même bassin; de 193 et 210 kilomètres, sur le littoral, pour les charbons du Gard; enfin de 211 kilomètres, sur Sarrebruck, *viâ Gothard*.

Ajoutons qu'au tarif kilométrique de 0 fr.038 qu'indique M. de Résie, ces différences de parcours correspondent respectivement, en faveur du Simplon : contre le Mont-Cenis, à 2 fr. 93; contre le Gothard, à 8 fr. 03.

Nos supputations, il est vrai sont en distances virtuelles. M. de Résie admet-il, comme seul logique, ce mode de comparaison entre les parcours ? Admet-il également, avec nous, que, pour arriver à des conclusions topiques en fait d'assiette de marché, il faut raisonner, non sur des tarifs de concurrence, abaissés au-dessous du prix de revient, forcément transitoires parce qu'ils seraient ruineux, mais sur des tarifs normaux, conformes à la nature permanente des choses ? Nous ne le saurions affirmer, mais devons le croire.

A propos de certaines réductions de tarif qu'on pourrait, pressent-il, opposer à une partie de son argumentation, M. de Résie, remarque, en effet, que ces « réductions seraient bien» tôt limitées par les frais considérables d'exploitation ». Ailleurs, après avoir constaté, à l'avantage du Gothard, une abréviation de 51 k. il ajoute : « cette abréviation se trouve bien » réduite si l'on compare le profil accidenté de ce passage » à celui du Mont-Cenis ». L'assertion n'est pas exacte en fait : le profil du Gothard est moins accidenté que celui du Mont-Cenis ; mais cela importe peu. Il nous suffit de constater que, pour M. de Résie, les accidents d'un profil équivalent à une augmentation de longueur. Nous sommes donc d'accord, sur la méthode.

Cela posé, M. de Résie nous dit que, sur le marché de Milan lorsque le fret anglais, qui varie de 12 à 17 schillings (15 fr. à 21 fr.25),est à 14 sch. (17 fr.50), le prix d'une tonne de houille anglaise, — valant 8 fr. 15 au port d'expédition, sous vergue, — est de 35 fr. 30. Il indique que le prix de la tonne de houille du bassin de la Loire, — valant 18 fr. à Rive de Gier sur wagon, — est à Milan, par Ambérieu, de 38 fr. 25. Puis, estimant que la ligne de Saint-André-le-Gaz à Chambéry permettra de réduire ce prix à 37 fr. 03, il ajoute :

« L'écart entre le prix de vente des charbons anglais et » français à Milan dépend donc uniquement du prix du fret » d'Angleterre à Gênes : avec du fret à 14 schillings, les char» bons anglais ont la préférence; avec du fret à 16 schillings, » les charbons français disputeront le terrain avec avantage ».

On voit combien le champ d'oscillation est étroit. Un écart de 2 fr. 50 en plus dans le fret anglais change l'axe du marché : de Newcastle il fait pencher la balance vers Rive de Gier. Et c'est dans de telles conditions que M. de Résie ne fait nul cas de l'intervention du Simplon qui donne, sur le Mont-Cenis, un écart permanent de 2 fr. 93 ! Il fait état d'une réduction de 1 fr. 22 que lui semble promettre la ligne de Saint-André-le-Gaz, — qui ne donnera rien parce qu'elle est trop accidentée, — et néglige un élément bien plus important. Cela a lieu de surprendre.

Il est vrai que, s'il attache peu d'importance à cette lutte avec les houilles anglaises, c'est que la concurrence ultérieure des charbons du bassin de la Sarre lui paraît devoir être, dans tous les cas, fatale aux charbons français. Portant à 652 kilomètres seulement la distance de Sarrebruck à Milan, et à 9 francs le prix de la tonne de houille sur wagon, à la mine, il obtient à Milan, au tarif de 0,038 par kilomètre, le prix final de 33 fr. 77, pour la houille rhénane. Mais ne faut-il plus tenir aucun compte dans ces supputations du *profil accidenté* du Gothard que M. de Résie invoquait tout à l'heure? Ce serait une erreur, pensons-nous. Pour nous, la distance réelle de Sarrebruck à Milan est de 664 kilomètres, chiffre bien voisin de celui de M. de Résie, mais la distance virtuelle, celle à considérer pratiquement, est de 799 kilomètres; c'est, par rapport à 652 kilomètres, un excédant de fret de 5 fr. 59. Les autres données de M. de Résie fussent-elles justes, cela porterait, à Milan, le prix des charbons de la Sarre de 33 fr. 77 à 39 fr. 36. D'autre part, la réduction, de 2 fr. 93 fournie par le Simplon y abaisse le prix des charbons de Rive-de-Gier, de 37 fr. 03 à 34 fr. 10. Au fret moyen le plus bas, les charbons anglais valent sur ce marché 35 fr. 30 (1).

Donc, avec le Simplon, mais avec lui seul, les houilles françaises sont en état de lutter victorieusement sur le marché de Milan contre les houilles anglaises et allemandes; de les en chasser; de rester maîtresses du terrain, et, par Milan, de desservir dans l'est et le sud de la haute Italie une population de plus de deux millions d'habitants.

M. de Résie a raison de faire remarquer qu'un tel marché n'est pas toute l'Italie, mais enfin la *riche* Lombardie, avec sa population *très dense*, c'est bien quelque chose.

Dira-t-on, pour dernière objection, que, si ces avantages sont réels, le Simplon ne les procurera qu'en empruntant, sur une partie du parcours, des voies ferrées en territoire suisse et que nos chemins de fer y perdront? Cette observation aurait quelque valeur, peut-être, s'il s'agissait d'un trafic

(1) Nous avons admis, pour prix des charbons de Rive de Gier et de Sarrebruck, à la mine, les prix de 18 fr. et de 8 à 9 fr. donnés par M. de Résie. Ces prix ne sont pas ceux du moment. Aujourd'hui, le *menu lavé* vaut : à Rive de Gier, 16 fr. 50 ; à Sarrebruck, 12 fr. C'est donc encore en faveur des charbons de la Loire, un avantage : de 1 fr. 50 sur les charbons anglais ; de 5 fr. sur les charbons de la Sarre, par rapport aux données que nous avons admises. Dans ces conditions, avec le Simplon, le marché de la Lombardie appartient à nos houilles sans contestation possible.

qu'on craint de voir détourner; mais, pour un trafic à créer, l'objection est vraiment bizarre. Quoi ! nos industries négligeront des débouchés qui s'ouvrent parce qu'il faudrait, pour desservir les nouveaux marchés, emprunter d'autres rails que des rails français ? Ce serait un étrange calcul, même pour les chemins de fer français. Pour ne pas éviter de donner du trafic à d'autres qu'eux, on empêcherait ce trafic de naître ; pour éviter le partage, on annulerait le produit à partager. Singulier moyen d'alimenter nos voies ferrées et de développer la richesse publique !

Nous en avons assez dit, et persistons à penser qu'au point de vue spécial qui nous occupe dans ce paragraphe, la cause du Simplon est bonne, quoi qu'en puisse penser M. de Résie.

§ 5. *De quelle nature peut être et quelle importance peut acquérir, le Simplon percé, le mouvement de transports intercontinentaux allant des Alpes aux ports avancés de la Péninsule italique.*

Dans la publication récente dont nous venons de discuter quelques points, M. le comte de Résie combat aussi les idées que, dans d'anciens écrits, nous avons émises sur la question qui fait l'objet de ce paragraphe.

Sans nier que ce soit par le Simplon que le mouvement des transports dont il s'agit serait le mieux desservi, notre contradicteur doute que ce courant puisse jamais prendre une grande importance. S'appuyant de constatations incomplètes, ne voyant que la malle des Indes comme élément de parcours rapide entre l'occident de l'Europe et l'orient asiatique, il conclut au *statu quo* quant à un nouveau percement des Alpes ; — ce qui ne l'empêche pas de renforcer cette argumentation stationnaire de la raison finale et décisive que « dans huit ou dix ans, » lorsque les travaux du Simplon seraient achevés, la malle » des Indes aurait trouvé une voie plus rapide encore par le » golfe Persique, les chemins de fer de l'Asie mineure, Smyrne » et Salonique-Belgrade-Munich-Paris-Calais. »

S'il n'est pas favorable aux innovations prochaines, M. de Résie ne recule pas, on le voit, devant les grandes enjambées.

Bien des milliers de caïques auront traversé le Bosphore et la question d'Orient aura passé encore par bien des phases diverses avant que les voies ferrées de l'Asie mineure permettent à la vapeur de franchir les 2,500 kilomètres qui séparent Smyrne ou Constantinople du golfe Persique. Toutefois M. de Résie est dans le vrai, lorsqu'il admet, pour les communications rapides, la tendance qui porte aujourd'hui à préférer la voie de terre à la voie de mer. Ainsi que nous l'avons déjà fait remarquer plus haut (page 103), la propulsion mécanique permet de cheminer plus vite sur terre que sur mer. Mais, si M. de Résie s'empare avec raison de cette idée pour abréger les distances à franchir par mer entre l'occident de l'Europe et les Indes, en portant vers Salonique ou Constantinople la grande voie intercontinentale de l'avenir, comment se fait-il qu'il nous refuse de tirer parti, dans le même but, des heureuses dispositions de la péninsule italique ?

Sans doute l'Allemagne, des rives de la Mer du nord et des côtes de la Baltique, tend plutôt, pour ses communications rapides avec l'Asie, vers Salonique que vers Brindisi. C'est dans la nature des choses. L'Angleterre ne sera peut être que trop disposée à suivre l'Allemagne dans ce mouvement, si elle y voit son avantage. Est-ce donc une raison pour que la France, dont les intérêts sont si différents, — la France que tout porte à se rapprocher de Suez et du continent africain, par des voies passant le plus possible sur son territoire ou à sa portée, — ne s'efforce pas de réagir et ne profite pas des avantages qu'offre le Simplon pour maintenir la grande route des Indes au sud de l'Adriatique, dans la zone centrale de la Méditerranée ?

Pour cela la France a sous la main des éléments connus. L'effort à faire n'est pas colossal. Il est facile à mesurer. Il ne s'agit pas de 2,500 kilomètres de voies ferrées à construire, dans des régions semi barbares, mais, à deux pas d'elle, d'une lacune de moins de 100 kilomètres à combler. Laissons donc, pour l'instant, dans le domaine, sinon du rêve, du moins de l'inconnu, les grandes lignes de fer de l'Asie mineure et pesons la force des objections que nous oppose M. de Résie pour nous détourner de nous occuper modestement du Simplon.

Il existe entre nous un premier malentendu qu'il importe de dissiper.

A en croire M. de Résie, nous songerions à faire de Brindisi un port rival de Marseille. Ce serait notre première idée fausse ; — non la seule, comme on verra.

Si Brindisi ou, pour parler plus exactement, les ports avancés de a Péninsule, eussent jamais dû, par le Simplon, faire sérieusement échec aux intérêts de Marseille, peut-être eussions-nous eu moins de tendance à préconiser le nouveau percement. Nous nous sommes plus haut expliqué sur ce point. Nous avons montré que, si quelque dommage a été causé au port de Marseille, la faute en est au Mont-Cenis, et que le Simplon ne doit en rien augmenter ce dommage. Nous maintenons notre argumentation à cet égard, et n'y ajouterons que quelques mots sur le rôle naturel respectif dévolu aux ports intérieurs et aux ports avancés.

Sans qu'il y ait, entre ces ports, séparation absolue de fonctions, on y trouve pourtant quelque chose d'analogue à ce qui distingue, dans le régime des voies ferrées, les gares à marchandises des gares à voyageurs ; — disons mieux, le service de la petite vitesse du service de la grande vitesse. Or, si rien n'interdit à un port comme Marseille, placé au fond d'un golfe, — et intérieur en ce sens, — mais, d'autre part, librement ouvert sur la mer, de posséder, en même temps qu'un puissant trafic de marchandises, de grands services de voyageurs, il nous paraît, inversement, beaucoup plus difficile à un port avancé comme Brindisi d'acquérir une grande importance commerciale au point de vue marchandises. Aussi n'avons-nous jamais eu, pour lui, de telles visées. Seulement, par les raisons que nous avons dites et qu'au fond notre contradicteur partage, — puisque seules elles peuvent justifier la création d'une grande voie intercontinentale par l'Asie mineure, — nous croyons ce port plus apte qu'aucun autre à devenir de plus en plus, par sa situation à l'extrémité de l'Italie, au centre de la Méditerranée, le point d'attache naturel des services maritimes à grande vitesse vers l'Orient.

Voilà ce que nous avons avancé ; pas autre chose. M. de Résie ne nous apprend rien de nouveau lorsqu'il nous dit que Brindisi n'est pas même le port, vers l'Orient, de l'Italie du Nord ; que ce port est Gênes. Ne le savons-nous pas et avons-nous jamais supposé que, pour les transports pondéreux, il pût en être autrement ? Nous nous doutons bien également que ce n'est pas Brindisi seul, mais plutôt Venise, Gênes et Trieste que l'Allemagne vient chercher au sud des Alpes. Mais en quoi tout cela infirme-t-il notre thèse, qui est tout autre, et qui s'applique, non à la petite, mais à la grande vitesse?

Seulement, de ce que cette thèse est juste en principe, s'ensuit-il que, par un coup de baguette magique, Brindisi dut attirer immédiatement à lui tout le courant appelé à y passer un jour? S'ensuit-il même que, dans notre pensée, Brindisi soit absolument le seul des ports avancés de la Péninsule vers lequel ce courant se dirigera ? S'ensuit-il enfin que, depuis huit années à peine que le Mont-Cenis est ouvert, le courant dont il s'agit ait pu acquérir toute sa plénitude ?

De telles suppositions n'ont jamais hanté notre esprit. Elles ne nous sont nullement nécessaires pour démontrer l'utilité du Simplon.

Mais, —dit M. de Résie, —voyez combien le courant de transports sur lequel vous comptez est faible. Le produit de la gare de Brindisi n'est rien. De 269 mille lires italiennes en 1869 avant l'ouverture du Mont-Cenis, il ne s'était élevé en 1873 qu'à 378 mille lires. En 1878, il descendait même à 358 mille. La malle des Indes passe à Brindisi. Cela est vrai. En ce sens vos prévisions se sont vérifiées. Mais qu'est-ce que la malle des Indes ? De 1872 à 1878, dans une période de sept années, cette malle représente annuellement, en moyenne : 2 860 voyageurs ; 15 580 sacs de dépêches à 20 kilogammes l'un, soit 312 tonnes ; 96 tonnes de bagages ; 614 tonnes de marchandises grande vitesse ; 121 tonnes de marchandises petite vitesse, et quelques centaines de mille francs de valeurs. Voilà son bilan. Ces transports constituent tout le transit anglo-indien, *viâ Mont-Cenis.* Cela donne aux chemins de fer méridionaux italiens 517 lires par kilomètre. A supposer que le Saint-Gothard prît ce trafic, la perte ne serait pas grande. Le Simplon dût-il nous le ramener, l'avantage pour nos chemins de fer se chiffrerait par une augmentation de recette brute de 40 843 francs, pour 79 kilomètres de parcours en plus. — Vous vouliez détrôner Marseille. Sa prospérité augmente chaque année. Les grandes compagnies maritimes y doublent leurs services : on part de Marseille pour Bombay, Calcutta, Singapour. Entretemps Brindisi est resté une escale des bateaux partant de Venise et de Trieste pour ces mêmes destinations ; et une recette annuelle d'un peu plus de 500 francs par kilomètre, voilà tout ce que le service de la malle des Indes, le plus clair de votre avoir, donne au chemin de fer aboutissant à ce port dont vous prétendiez faire un nœud de grande circulation intercontinentale.

Nous avons déjà mis en garde contre une partie de ces observations. Nous avons sur tous les autres points des réponses topiques à y opposer.

Nous ne relèverons pas ce qu'il y a d'un peu original dans cette appréciation, en tonnes de poids, du service de la malle des Indes. Sous ce rapport il n'est pas de service postal qui ne fût bientôt primé par n'importe quelle voie charbonnière, nonobstant l'incomparable disproportion dans l'importance des intérêts desservis. Le tableau produit par M. de Résie paraît d'ailleurs incomplet sur beaucoup de points et nous ne le discuterons pas. Nous nous bornerons à dire, d'après des renseignements absolument certains, que le nombre des sacs de dépêches, qui n'était encore en 1879 que de 18,248, s'est élevé en 1880 à 40,031 dont 28,983 pour les Indes, 11,048 en provenant ; et, sur le tout, 34,436 transitant par la France. Si une telle progression continuait, on arriverait bientôt à 200 mille.

Mais cette indication donnée, où M. de Résie a-t-il trouvé que les 517 lires par kilomètre que produit, suivant lui, la malle des Indes « représentent tout le transit de l'Angleterre » avec l'Inde par la voie du Mont-Cenis » ? N'y a-t-il donc pas autre chose ? Le port de Brindisi n'est qu'une escale de bateaux de l'Adriatique, dit M. de Résie. Admettons-le pour un instant. Mais ne s'embarque-t-on pas, pour l'Orient, dans d'autres ports de la côte italienne ? Indépendamment de Gênes et de Venise, — que le Simplon desservirait pour les voyageurs intercontinentaux venant de l'Occident ou s'y dirigeant, — des entreprises italiennes, la société Florio et Cie, la société Rubattino, une grande compagnie anglaise : « *Peninsular and oriental steam navigation company* » ne desservent-elles pas le Levant et la mer des Indes ? Des services maritimes réguliers ne partent-il pas, chaque jour, d'Ancône, de Naples, de Livourne, même de Civita-Vecchia, avec escales à Messine, Palerme et Catane, que desservent aussi les « Messageries maritimes » françaises et les services libres de la Compagnie Valery ?

C'est un mouvement nautique considérable : un fourmillement dont il serait difficile de dénombrer complètement tous les éléments.

Seulement lorsque, pour ne prendre qu'un exemple, et en laissant de côté les moindres parcours, — il part de Naples, société Florio, des services réguliers :

Pour les échelles du Levant : tous les vendredis, *viâ Palerme* ; tous les samedis : *viâ Messine ;*

Pour Smyrne, tous les 15 jours ;

Pour Salonique, idem.

Quand, du même port, les paquebots poste de la Société Rubattino ont des départs réguliers :

Pour Alexandrie d'Egypte, tous les jeudis ;

» Bombay, tous les mois ;

» Singapour et Batavia, tous les trois mois.

Il est à croire que ces paquebots ne voyagent pas à vide ; qu'ils sont alimentés de voyageurs, et que, de ces voyageurs, une partie a passé les Alpes pour aller s'y embarquer et les franchira encore au retour.

Ce n'est donc pas sur Brindisi seulement qu'il faut jeter les yeux pour se faire idée du courant d'échanges, grande vitesse, qui existe entre la Péninsule italienne et l'Orient.

Toutefois, convenons-en, malgré le peu de temps depuis lequel sont intervenues les circonstances qui ont fait porter à Brindisi le point de départ et d'arrivée de la malle des Indes, on pourrait s'étonner que la gare de Brindisi ait encore des recettes aussi faibles que celles accusées par la statistique des chemins de fer méridionaux. Cette recette ne s'est élevée en 1879 qu'à 394,188 francs; c'est peu de chose : à peine les deux tiers du produit de la gare d'un port secondaire comme Fécamp, moins de la moitié du produit de celle de Brest.

Mais il y a de ce fait plusieurs explications.

En premier lieu, quant aux voyageurs, la plupart de ceux qui débarquent à Brindisi ou s'y embarquent, venant de la mer des Indes ou y allant, voyagent suivant la mode anglaise avec des billets cumulatifs payés au point de départ. Ils traversent, dans les deux sens, la gare de Brindisi sans laisser dans sa caisse trace de leur passage. C'est là un premier déchet ; — un mouvement réel qui échappe à l'enregistrement.

Ce n'est pas tout.

Par une bizarre disposition, en face de chemins de fer protégés par des garanties d'intérêt, la « *Peninsular and oriental Company* », subventionnée elle-même, est autorisée à prendre les voyageurs au même prix à Venise qu'à Brindisi. C'est une concurrence retombant à sa charge, dont l'État italien paie lui-même les frais. La disposition n'est pas de nature à activer les recettes de la gare de Brindisi et le mouvement maritime du port. Ce mouvement a cependant une allure ascensionnelle très accentuée. De 1132 en 1871, le nombre des navires fréquentant le port de Brindisi s'est élevé, en 1878, à 1773; et le tonnage total de ces navires a cru bien plus rapidement. De 442 mille tonneaux qu'il représentait en 1871, il est passé, en 1878, à plus d'un million de tonneaux, chiffre auquel correspond un trafic commercial de près de 100 mille tonnes. Et cela ne doit pas surprendre. Le port de Brindisi possède les meilleures conditions nautiques : rade sûre, grandes profondeurs, quais facilement abordables; mais une cause de plus grand poids que celles précédemment indiquées comprime son essor.

M. de Résie, dans un passage où il convient que les Compagnies de chemins de fer italiens n'ont pas fait de grands efforts pour développer un trafic international entre Brindisi et l'Angleterre par les ports français et l'Océan, suppose que, si la Société des chemins de fer méridionaux, — retenue, suivant lui par une clause de sa concession, — n'a pas sollicité l'homologation de tarifs de transit, c'est qu'elle a reconnu que la marchandise paie plus cher de Brindisi à Londres que de Bombay ou de Calcutta à ce même point.

Il n'est pas nécessaire, pour expliquer que les marchandises en général prennent une autre voie que Brindisi, d'arriver à cette conclusion extrême qu'une *partie* du trajet, dans ce cas, serait aussi coûteuse que l'ensemble du trajet par la voie de mer seule. Pour détourner la grosse marchandise, il suffit que cette combinaison augmente le prix total du transport, et cela personne ne le conteste. Seulement, il y a des marchandises spéciales, des marchandises chères, pour lesquelles un excédant de vitesse peut balancer une certaine élévation du fret; et, pour celles-là, il est bien certain que des tarifs à prix réduits sur les voies ferrées peuvent les attirer et en augmenter la masse. Mais, si les chemins de fer méridionaux italiens n'ont pas proposé à l'homologation des tarifs de transit, — que rien dans leur acte de concession ne leur interdit, — ce n'est pas le moins du monde par le motif que M. de Résie suppose. La raison est tout autre, et cette raison, extrêmement bizarre en elle-même, influe si fortement sur le développement du trafic des lignes méridionales de la péninsule et sur le mouvement dont Brindisi est l'un des *terminus*, que nous devons en dire un mot ici.

Dans une convention du 28 novembre 1864, homologuée par la loi du 14 mai 1865, par laquelle sont apportées des modifications à la loi de concession du 21 août 1862, il existe un article 17 disant ce qui suit :

« Au système de garantie d'un produit brut annuel de » 29,000 lires par kilomètre est substitué le suivant :

« A partir du 1er janvier 1869, l'État paiera annuellement » à la Société des chemins de fer méridionaux une somme » de 20,000 lires par kilomètre, et le produit brut annuel sera » dévolu en entier à la Société tant qu'il ne dépassera pas » la somme de *sept mille* lires.

« Lorsque ce produit brut dépassera la somme de *sept mille* » lires par kilomètre, la subvention sera diminuée à raison » de *cinquante pour cent* de l'excédant dudit produit brut kilo» métrique de *sept mille* lires, jusqu'à ce que ce produit ait » atteint la somme de *quinze mille* lires par kilomètre.

« L'excédant du produit sur ladite somme de *quinze mille* » lires, ainsi que la moitié du même produit compris entre » les *sept* et les *quinze mille* lires, seront *en entier* imputés à » la diminution de la subvention jusqu'à son extinction.»

Le chiffre qui sert de point de départ à la subvention peut nous paraître exorbitant, mais ce n'est pas de ce point qu'il s'agit, et la conséquence morale et financière de cet article est claire. Jusqu'à 7 mille lires de produit brut, la subvention est de 20 mille lires. Quand le produit brut de 7 mille lires est atteint, la Société a une disponibilité de 27 mille lires. Au delà, la subvention décroit de 500 lires par chaque ascension de 1,000 lires du produit brut. Quand celui-ci atteint 15 mille lires, la subvention est de 16 mille lires et la disponibité de la Compagnie de 31 mille. Au delà, quoiqu'il arrive, cette disponibilité ne change pas : elle est toujours représentée par la somme invariable de 31 mille lires. Or, toute augmentation de trafic implique une augmentation de frais d'exploitation. La Compagnie des chemins méridionaux n'est donc pas seulement indifférente mais hostile à toute ascension du trafic au-dessus de 15 mille lires, et elle n'a même pas grand avantage à atteindre ce taux, puisque, de 7,000 à 15,000 lires de produit, la disponibilité n'oscille qu'entre 27,000 et 31,000.

On s'explique ainsi l'état stationnaire des recettes des lignes de l'extrémité sud de l'Italie. En 1879, la ligne d'Ancône à Foggia, centre de la terre de Labour, n'a produit que 14,317 lires; celle de Foggia à Naples produisait un peu plus; mais, par compensation, celle d'Otrante passant à Brindisi restait au-dessous.

Ces détails sont bien longs. Il nous fallait y entrer pour répondre aux objections de M. de Résie. Il nous fallait y entrer, surtout, pour faire comprendre comment, en dehors des autres causes qui masquent ou dépriment son mouvement, les recettes de la gare de Brindisi sont encore celles d'une gare de second ordre.

Mais cette situation qui pèse sur le développement des chemins méridionaux n'est pas immuable. Cette situation abolie, le mouvement des voyageurs convergeant vers les ports avancés de l'Italie prendra sa véritable assiette et ce mouvement, acquerra, — quoi qu'en puisse penser M. de Résie, — d'autres proportions que le service de la malle des Indes. Les facilités du voyage croîtront avec le développement d'activité du courant; et le trafic des marchandises à grande vitesse, trafic qui existe déjà par Venise, accompagnera le courant de voyageurs et s'accentuera davantage.

Mais ici M. de Résie nous arrête encore. Quelles sont ces marchandises? Vous ne les désignez pas. Ne semblerait-il pas que nous avons inventé la catégorie des marchandises à grande vitesse? Mais cette catégorie existe. Elle ajoute, dans les recettes du P.-L.-M., 30 0/0 au produit des voyageurs. Les mêmes circonstances qui déterminent, par la voie ferrée seule, les expéditions à grande vitesse, entraîneront par la voie mixte des expéditions de ce genre, comme elles en entraînent déjà. Quant à désigner nommément les marchandises que cela concerne, ce serait puéril, mais facile. Il suffirait, pour cela, de jeter les yeux sur les tableaux du commerce extérieur; et, sans même compter les 100 millions afférents à la Grèce et à l'Égypte, on discernerait bien vite, dans les 400 millions d'échange qui, par importation ou exportation, se font entre la France, les Indes anglaises et hollandaises, la Chine et le Japon, les produits d'un prix élevé dont le commerce a toujours intérêt à presser la livraison.

Laissons de côté ces objections sans valeur et concluons.

Nous n'imaginons pas que, de Plaisance à Brindisi, Naples et Tarente, il va se produire, grâce au Simplon, du nord au sud de l'Italie, un courant de transports égal à celui qui, dans la vallée du Rhône, fait prélever, sur les rails du P.-L.-M., une recette brute de deux cent mille francs par kilomètre. Nous savons que, pour un tel résultat, l'intervention de la grosse marchandise est nécessaire. Nous ne pouvons compter sur elle, pour un courant de transit intercontinental, que dans une très minime proportion. Mais, dans ces 200,000 francs de produit brut dont nous venons de parler, la recette afférente aux voyageurs entre pour près de 30 0/0. Avec les marchandises à grande vitesse, la proportion s'élève à 40 0/0. Il n'en faudrait certes pas autant, en dehors des autres sources de trafic que nous avons énumérées, pour que le percement du Simplon, envisagé comme simple entreprise de transport, fût une excellente opération.

Oui, dira-t-on, c'est un aléa possible; c'est l'avenir, mais il est bien vague. Voici notre réponse :

Lorsque l'État français, vers 1850, accordait à la ligne de Lyon à Marseille une subvention de 125 millions, tant en argent qu'en travaux, on ne se doutait guère de l'immense prospérité à laquelle était appelée la voie à créer. Si on l'eût su, que de compagnies se fussent trouvées pour exécuter, sans concours aucun, cette ligne magistrale. Le Trésor public, la nation tout entière, ont largement toutefois récupéré depuis les sacrifices qu'ils ont faits alors. On ne saurait sans doute appliquer ce raisonnement à toutes les opérations de voies ferrées; mais le percement du Simplon a plus d'une analogie avec celle dont nous venons de parler. C'est toujours l'Orient, le grand objectif des routes commerciales du globe, vers lequel on se dirige. Il s'agit en outre pour la France d'une question de suprématie industrielle et commerciale. Il faudrait avoir la vue bien courte pour réduire la question à la mesquine mesure de quelque communication d'intérêt local. L'horizon est ici plus vaste. Ce sont des continents entiers vers lesquels il s'agit de se porter par la voie la plus rapide. Des hommes d'État éclairés, des patriotes prévoyants n'hésiteront pas une heure à engager dans cette entreprise féconde une bien minime part des capitaux intelligents de la France républicaine.

Note G

Sur les données dont nous avons fait usage pour l'évaluation des distances RÉELLES et VIRTUELLES du passage du Mont-Blanc.

Dans les notes spéciales qui accompagnent les itinéraires : **a.4, h.4** et **m.4** (note A), nous nous sommes expliqué sur les raccourcis dont quelques partisans du Mont-Blanc veulent tirer avantage tant au nord de Bellegarde qu'au sud d'Ivrée. Les premiers de ces raccourcis, ainsi que nous l'avons démontré, n'ont pas de valeur effective ; — il n'y a rien à gagner à quitter la grande ligne de Paris à Mâcon par la Bourgogne et celle de Mâcon à Bellegarde par Culoz ; et, quant au raccourci à obtenir entre Ivrée et Santhia, nous avons fait remarquer que, s'il est matériellement admissible, il implique l'ouverture, en territoire étranger, d'un tronçon de 35 à 36 kilomètres qui, dans le grand classement fait par la loi du 29 juillet 1879, est resté tout à fait en dehors des prévisions des chambres italiennes.

Nous ne reviendrons pas sur ce que contiennent à ce sujet les notes que nous venons de rappeler, mais il nous paraît utile, en revanche, de résumer, en les accompagnant de quelques mots d'explication, les données, recherchées avec soin par nous, mais pourtant hypothétiques en plusieurs points, sur lesquelles nous nous sommes appuyé, pour la section de 242 kilomètres qui, suivant nos supputations, sépare Bellegarde d'Ivrée.

Voici, pour cet intervalle, les diverses données d'où nous sommes parti :

1° En ce qui concerne le tracé général, nous avons admis :

Qu'on emprunte, de Bellegarde à Laroche, les lignes existantes avec rebroussement à Annemasse, puis, de Laroche à Cluses, une ligne récemment votée par les Chambres ;

Qu'à partir de Cluses on s'élève, en se développant dans la vallée de l'Arve, jusqu'à la tête nord du grand tunnel que nous avons supposée placée dans le voisinage de Chamounix ;

Enfin, qu'à partir de la tête sud, supposée elle-même située non loin de Pré-Saint-Didier, en versant italien, on se développe jusqu'à Ivrée, par Aoste, dans la vallée de la Dora.

2° En ce qui concerne les distances des principaux points du tracé entre eux et aux altitudes respectives de ces points, nous avons adopté les valeurs comprises au tableau suivant, qui ont été puisées à diverses sources dont nous indiquons les principales :

	DIST.	ALTIT.	SOURCES AUXQUELLES ON A PUISÉ
Bellegarde		372	Profils petite échelle P.-L.-M.
	39		id.
Annemasse		435	id.
	18		id.
Laroche		580	id.
	24		Tracé du P.-L.-M.
Cluses		490	Minutes de l'état-major.
	17		Mesurage d'après tracé.
Sallanches		540	Minutes de l'état-major.
	22		Mesurage d'après tracé.
Les Ouches		960	Minutes de l'état-major.
	6		Evaluation.
TUNNEL Tête nord		1050	Evaluation.
	19		*Profil comparatif.*
TUNNEL Tête sud		1030	Evaluation.
	30		Mesurage et projet Stamm.
Aoste		600	Cartes Piémontaises et Stamm.
	67		Loi italienne du 29 juillet 1879.
Ivrée		269	Carte spéciale de Vismara.
	242		

A partir de Cluses, il ne peut y avoir d'hésitation sur le parti général à adopter pour le tracé. Les deux vallées de l'Arve et de la Dora sont les seules que l'on puisse prendre pour monter au pied du Mont-Blanc et pour en descendre. Du côté français, c'est par la vallée de l'Arve qu'on étudie, à partir de Sallanches, une ligne sur Chamounix, localité dans le voisinage de laquelle sera forcément placée la tête nord du grand tunnel. Du côté italien, c'est par la vallée de la Dora qu'ont été faites, il y a quelques années, par M. l'ingénieur Stamm, des études de voies d'accès à des tunnels projetés par lui sous le Mont-Blanc. Enfin, nous sommes d'accord, pour le parti général adopté, avec le *profil en long comparatif* auquel nous avons emprunté la longueur de 19 kilomètres assignée ci-dessus au grand tunnel. Ce document, qui se rattache à des *études préparatoires du souterrain du Mont-Blanc et de ses abords*, paraît avoir été dressé, sinon à la demande, du moins sous le patronage de l'administration française.

Eu égard à ce caractère semi-officiel, c'est surtout, aux données du document en question qu'il nous paraît utile de comparer les nôtres.

En procédant à cette comparaison, on constate une première dissidence.

La distance générale de Bellegarde à Ivrée est, pour le *profil comparatif*, de 227 kil. seulement; soit de 15 kil. inférieure à ce que nous comptons. Mais cette différence porte tout entière sur la section de Bellegarde à Cluses. De Cluses à Ivrée, le *profil comparatif* donne comme nous une distance de 161 k., sinon quelque chose de plus.

Nous nous expliquerons tout à l'heure sur la première section. Occupons-nous d'abord de la seconde, qui est la plus importante et comprend le grand tunnel.

La comparaison des distances partielles données par le *profil comparatif* avec celles que nous avons adoptées conduit au tableau suivant :

	PROFIL COMPARATIF	LE PRÉSENT ÉCRIT	DIFFÉRENCES en plus	DIFFÉRENCES en moins
Cluses				
	40 k.	45 k.	5	»
Tête Nord.....				
	19 k.	19 k.	»	»
Tête Sud......				
	33 k.	30 k.	»	3
Aoste.........				
	69 k.	67 k.	»	2
Total.....	161 k.	161 k.	5	5

Quant aux altitudes, il y a accord complet ou presque complet entre celles que donne le *profil comparatif* et les nôtres.

Les altitudes des têtes du tunnel ne sont pas indiquées par le *profil*; mais le point culminant du souterrain, plus rapproché de la tête sud que de la tête nord, est à l'ordonnée 1,073 (1). En supposant, d'après la position de ce point, qu'il soit raccordé: avec la tête nord, par une pente de 2 $^{m}/_{m}$; avec la tête

(1) Le tunnel du *profil comparatif* a 18,940^{m} de longueur totale, partagée en deux sections : l'une, en rampe faible, de 13,640^{m}; l'autre, en pente plus accusée, de 5,300^{m} de développement. C'est à la jonction de ces deux sections, dont la dernière porte l'indication : *Souterrain sous vallée*, qu'est figuré le point culminant. Nous relevons ces dispositions sans les discuter.

sud par une pente de 8 à 9 $^{m}/_{m}$, — ce qui se rapporte assez bien avec les indications graphiques du document, — on retombe sur les altitudes que nous avons adoptées. Les différences ne sauraient en aucun cas être grandes.

L'altitude 1,050 donnée par nous à la tête nord est celle du village de Chamounix (1). Sans avoir fait personnellement, sur place, les recherches fort ardues qui seront nécessaires pour fixer, au pied de versants abrupts couverts de glaciers, le meilleur emplacement à choisir pour cette tête, nous croyons en avoir vu assez pour garantir qu'il sera fort difficile de la placer même aussi bas que nous l'avons supposé, et c'est en définitive ce point seul qui est important.

Quant à la tête sud, située à 1,500 ou 1,000 mètres environ en amont de Pré-Saint-Didier, dont la station serait, d'après le *profil comparatif,* à la cote 1,010, l'altitude 1,030 proposée par nous se justifie aussi complètement dans les données de ce travail, dont nous ne discutons pas d'ailleurs sous d'autres rapports les dispositions. En montant de Pré-Saint-Didier vers Dollone et Courmayeur, les terrains, au dire des géologues et de tous les ingénieurs qui connaissent les lieux, sont excessivement mauvais, et il y aurait grave imprudence à passer sous le mont Chétif, ce à quoi on serait conduit cependant par le *profil comparatif,* aussi bien qu'à ouvrir, sur plus de 5 kilomètres, la grande galerie en contre-bas de la Dora, à peu de distance de son thalweg.

Mais ce sont là autant de questions, fort graves pourtant, que nous n'avons pas cru devoir aborder.

L'altitude des têtes du grand tunnel fixées, les dispositions des tracés des voies d'accès sont très clairement indiquées par l'examen des lieux.

En versant nord, la vallée de l'Arve, assez large jusqu'à Cluses, se rétrécit en ce point, pour s'élargir de nouveau, vers Sallanches et en amont, sur une étendue de 8 à 10 kilomètres. Sur cette distance de 21 kilomètres à partir de Cluses, la pente moyenne du fond de la vallée n'atteint pas 4 millimètres; mais, à partir de là, sur un développement de 11 kilomètres, la vallée s'élève de 400 mètres par un ressaut dont la pente moyenne est de 38 millimètres, certaines pentes partielles s'élevant au double.

(1) Le *profil comparatif* donne à la station de Chamounix la cote 1,003. C'est qu'il la place évidemment loin de la localité et notablement plus bas.

A partir du sommet de ce ressaut jusqu'à Chamounix, sur 6 à 7 kilomètres, la pente moyenne redescend à 15 millimètres.

De Cluses à Chamounix, le développement, non du cours d'eau lui-même, mais de l'axe de figure du fond de la vallée, est de 39 kilomètres environ ; et l'on peut constater de suite, à la vue d'une bonne carte, que des tracés rationnels à flanc de montagne excéderont plutôt en longueur ce développement, qu'ils ne se tiendront au-dessous, et cela sans chercher dans les vallées affluentes des allongements qu'il serait fort difficile de trouver dans l'espèce.

Des tracés de reconnaissance que nous avons établis, au moyen de minutes amplifiées de l'état-major français, avec courbes horizontales, ont confirmé ces prévisions. Ces tracés ont été faits avec des rampes limites : le premier, de 25 millimètres ; le second, de 20 millimètres ; le troisième, de 12 m/m 5.

Le premier, qui suit le fond de la vallée jusqu'à 2 k. 500 m. en amont de Sallanches, altitude 550, rachète, par 16 k. 400 m. de rampes de 25 millimètres, la hauteur de 410 mètres qui sépare le point de départ des fortes rampes du sommet du ressaut, situé près des Ouches, où le fond de la vallée n'a plus qu'une inclinaison moyenne de 15 millimètres. Le développement total par ce tracé, entre Cluses et Chamounix, est de 42 kilomètres.

Dans le second tracé, le pied des fortes rampes est placé à l'aval de Sallanches, et celles-ci rachètent avec 26 kil. 250 m. de longueur, une différence de niveau de 525 mètres, indépendamment des 90 mètres rachetés par rampes de 15 millimètres entre les Ouches et Chamounix. Le développement total de ce second tracé est de 43 kilomètres.

Enfin le troisième tracé, en rampes de 12 m/m 5, depuis un point situé en aval de Cluses jusqu'à Chamounix, présente, à partir de Cluses, un développement de 45 kilomètres.

Ces trois tracés ne comportent, dans l'étendue de leur plus forte rampe respective : les deux premiers, qu'un seul palier de 400 mètres pour station ; le troisième, que deux paliers de même longueur, — ce qui est pratiquement tout à fait insuffisant. Tous trois seraient donc, après étude du terrain, notablement plus longs que nous ne l'avons supposé, même en admettant qu'on ne soit pas conduit, sur beaucoup de points, par des motifs impérieux d'économie, à rester au-dessous de la rampe limite.

Ces tracés, qui se développent tous trois sur le versant rive gauche de l'Arve, ont à franchir, aux environs de Saint-Gervais, le Bonnant, affluent de l'Arve rapide et encaissé.

Le tracé avec rampes de 25 millimètres, de beaucoup le plus facile, domine, sur une grande partie de son parcours, de 100 et 120 mètres le fond de la vallée de l'Arve, ce qui porte la voie dans des falaises à pic où des yeux non exercés déclareraient impossible d'établir jamais un chemin de fer. Les tunnels sont nombreux et le viaduc qui franchit le Bonnant a 70 mètres d'élévation.

A mesure que la pente décroît, les difficultés augmentent ; le nombre et la longueur des tunnels s'accroît ; les viaducs se multiplient, et présentent des ouvertures et des élévations de plus en plus grandes. Sur plusieurs kilomètres d'étendue, avec la rampe de 20 millimètres, le tracé domine le fond de la vallée de 170 mètres. Avec la rampe de 12 m/m 5, c'est 250 mètres et plus qu'il faut compter. Le nombre de kilomètres à flanc de montagne augmente et chacun de ces kilomètres devient beaucoup plus coûteux.

Ces résultats pouvaient être prévus. Ils rendent le tracé avec rampes de 12 m/m 5 à peu près inadmissible. C'est 50 à 60 millions qu'il y faudrait consacrer. C'est ce tracé cependant auquel se rattache le *profil comparatif*. Il nous a paru rationnel de nous en tenir au tracé avec rampes de 25 millimètres, en augmentant le développement de 3 kilomètres pour paliers de stations, repos, et circonstances imprévues de tracé.

Passons au versant sud.

Là, de la tête, du tunnel à Aoste, il faut descendre de 430 mètres. Dans cette étendue, la vallée, peu sinueuse, ne présente qu'un développement de 30 k. qu'il serait fort difficile d'augmenter, les vallées affluentes manquant pour cela. Les tracés de M. Stamm, dont l'un était disposé pour atteindre une tête de tunnel située à 1,050 mètres, — au lieu des 1,030 sur lesquels nous raisonnons, donnent entre Aoste et Pré-Saint-Didier une distance de 29 kilomètres. Cela concorde bien avec nos calculs qui supposent la tête du grand tunnel à 1 k. environ en amont de Pré-Saint-Didier. Pour racheter 430 mètres avec

30 k. de développement, on serait conduit à une rampe continue de 14 $^{m}/_{m}$ 1/3. En admettant seulement 1,333 mètres de paliers ou repos la rampe s'élève à 15 $^{m}/_{m}$. C'est sur cette donnée que nous avons tablé dans la note C, pour le calcul de la majoration D du Mont-Blanc. En pratique, après étude, on ira à 17 ou 18 $^{m}/_{m}$ sinon 20 $^{m}/_{m}$, et cela par plusieurs motifs. Les versants abrupts de la Dora présentent de graves difficultés pour l'assiette d'une voie ferrée. On y rencontre beaucoup de moraines fortement inclinées et de vastes éboulements de rochers mal assis. Le point de départ de 600 mètres à Aoste domine déjà de 40 mètres le fond de la vallée. En commençant à monter de suite avec la pente limite, le tracé, — qui, dès la sortie d'Aoste est à flanc de montagne et ne peut, sur 12 kilomètres, abandonner la rive gauche, — rencontre des terrains plus difficiles que si l'on prenait au départ une rampe plus faible. Dans cette section, il sera bien difficile de s'assujettir à une rampe uniforme. Celle de 12 $^{m}/_{m}$ 5 portée au *profil comparatif* est tout à fait inadmissible et, dans tous les cas, la distance de 33 kilomètres n'y suffirait pas. Une rampe continue de 12 $^{m}/_{m}$ 5 exigerait un développement de 34 k. 400 mètres. Avec les paliers indispensables on serait conduit à 36 kilomètres. Un tel développement est absolument impossible à trouver à moins d'un tracé avec lacets multipliés ou tunnels en hélice comme au Gothard. C'est, en cet endroit, l'intensité de la rampe qu'il faut forcer, non le développement.

A l'aval d'Aoste, le *profil comparatif* donne une distance de 69 kilomètres jusqu'à Ivrée, avec une pente à peu près uniforme dans toute l'étendue. Nous avons quant à nous enregistré les 67 kilomètres de la loi italienne, mais nous croyons sans peine que cette longueur sera dépassée. La route d'Ivrée à Aoste présente déjà ce développement; et le chemin de fer, par bien des motifs, sera plus long que la route.

Nous sommes donc d'accord avec le *profil comparatif* sur une augmentation forcée de longueur dans cette section. Mais nous nous écartons complètement de lui en ce qui concerne la pente. L'adoption d'une déclivité uniforme ou presque uniforme est impossible. La vallée présente de longues sections faiblement inclinées où le cours d'eau divague et est semé d'îles; mais, vers le milieu de la distance, sur 25 kilomètres environ, la Dora s'encaisse, se rétrécit, et franchit deux défilés dont le dernier vers l'aval est fermé par le fort de Bard, célèbre depuis la campagne de Marengo et le passage du grand Saint-Bernard par l'armée française.

Les cartes piémontaises manquent de cotes dans cette partie et la topographie n'en est pas irréprochable. D'après les souvenirs assez précis que nous a laissés la route ordinaire, nous avons évalué à 200 mètres,— un peu plus de la moitié de la hauteur totale à racheter, — la fraction qui exigera l'emploi de fortes rampes. Ces rampes devront s'élever à 15 millimètres au moins si l'on ne veut tomber, sur de longs parcours, dans de coûteux tracés à flanc de coteaux. C'est là-dessus que nous avons tablé de tous points.

Les renseignements qui précèdent nous paraissent justifier et les distances réelles admises et les majorations dues aux fortes rampes calculées pour la partie comprise entre Cluses et Ivrée. Nous serions bien surpris si les études, lorsqu'il y en aura de complètes, ne démontraient pas que nous nous sommes tenus dans les termes les plus modérés.

Reste la section comprise entre Bellegarde et Cluses, pour laquelle nous avons avec le *profil comparatif* une dissidence de 15 kilomètres ou à peu près : pour lui, 66 kilomètres; pour nous, 81 kilomètres.

Nous avons spéculé sur des voies existantes ou déjà tracées. Le *profil comparatif* admet au contraire, pour une partie, un nouveau tracé. Ce nouveau tracé, d'Etrembières, à la pointe du petit Salève, sur la rive gauche de l'Arve, se porterait vers Cluses, par Bonneville, en suivant le cours d'eau. On éviterait ainsi le rebroussement d'Annemasse, et il y aurait là un raccourci. Seulement l'évaluation de 15 kilomètres est fort exagérée.

D'après le *profil comparatif*, il y aurait dans ce système, 27 k. 500 mètres d'Etrembières à Cluses. A vol d'oiseau, la distance est de 30 kilomètres; un tracé développé suivant les principales sinuosités de l'Arve atteint presque 34 kilomètres. L'étude faite, on aurait au moins 35 kilomètres. Le raccourci effectif, — moyennant la construction d'une ligne nouvelle de de 18 à 20 kilomètres, sans compter les difficultés du raccordement, à Etrembières, avec la ligne venant de Bellegarde,— se réduirait donc à 7 k. 500.

Si l'on veut bien songer à toutes les causes d'allongement que présente, par rapport à nos supputations, la section de 161 kilomètres, de Cluses à Ivrée, on reconnaîtra, pensons-nous, qu'il serait peu prudent de retrancher quelque chose à la longueur totale de 242 kilomètres que nous avons admise entre Bellegarde et Ivrée.

Jusqu'à ce qu'existe un projet complet du passage du Mont-Blanc nous regarderons cette assertion comme difficilement réfutable.

PARIS. — IMPRIMERIE CHAIX, 20, RUE BERGÈRE. — 4558-1.

www.ingramcontent.com/pod-product-compliance
Ingram Content Group UK Ltd.
Pitfield, Milton Keynes, MK11 3LW, UK
UKHW020153200726
13856UKWH00003B/979

9 782011 621481